JN211984

8の
基本ルール
で学ぶ

外国人のための
仕事のメールの書き方

白崎 佐夜子 ● 著

スリーエーネットワーク

Published by 3A Corporation.
Trusty Kojimachi Bldg., 2F, 4, Kojimachi 3-Chome, Chiyoda-ku, Tokyo 102-0083, Japan

ISBN978-4-88319-957-0 C0081

First published 2024
Printed in Japan

はじめに

　仕事で日本語を使ってメールのやりとりをすることになったとき、多くの日本語学習者は戸惑いからスタートします。「どのように書き始めたらいいだろうか」「相手に用件がきちんと伝わるだろうか」「表現は適切だろうか」、このような疑問や不安を解消し、仕事のメールのやりとりに自信をもって臨んでほしいという思いで本書を作成しました。

　本書はN3相当レベル以上の日本語学習者を対象にした仕事で必要なメールの入門テキストです。これまでの指導経験を基に基本ルールを8つにまとめ、メール作成の基礎力を養うことを目指しました。主に仕事でメールを書くことに慣れていない方、メール作成の基礎が知りたい方、日本企業に就職を目指す方に適しています。

　第1章では、仕事のメールの8つの基本ルールを段階的な練習問題を通して学びます。第2章では、相手とのメールのやりとりの流れの中からメールの書き方やマナーについての理解を深めます。メールのテーマは報告・連絡・依頼・お礼・お詫び・添付送信など実践の場で作成頻度の高いものに焦点を当て、社内メールの作成に重きを置きました。また、語彙や表現は仕事の場面で汎用性の高いものを選び、本書の中で繰り返し使うことによって習得できるようにしています。

　仕事のメールの基礎知識を身に付けることは、文章生成AIなどを活用したメール作成にも大いに役立つでしょう。本書をメールライティングの第一歩としてお使いいただき、各々の仕事の場に生かしていただけることを願っています。

　本書の完成に至るまでには、様々な方のお力添えを賜りました。株式会社スリーエーネットワーク編集部の中川祐穂さん、溝口さやかさん、ジャパンオンラインスクールの小池慶さん、飯嶋雅代先生に心より感謝申し上げます。

2024年11月

白崎佐夜子

目次
もくじ

本書の使い方 ほんしょ つか かた ⋯⋯⋯⋯⋯⋯⋯⋯⋯⋯⋯⋯⋯⋯⋯⋯⋯⋯⋯⋯⋯⋯⋯⋯⋯⋯⋯ (6)

How to use this book ⋯⋯⋯⋯⋯⋯⋯⋯⋯⋯⋯⋯⋯⋯⋯⋯⋯⋯⋯⋯⋯⋯⋯⋯⋯⋯ (10)

本书的使用方法 ⋯⋯⋯⋯⋯⋯⋯⋯⋯⋯⋯⋯⋯⋯⋯⋯⋯⋯⋯⋯⋯⋯⋯⋯⋯⋯⋯⋯⋯ (13)

Cách sử dụng sách này ⋯⋯⋯⋯⋯⋯⋯⋯⋯⋯⋯⋯⋯⋯⋯⋯⋯⋯⋯⋯⋯⋯⋯⋯⋯ (16)

主な登場人物 おも とうじょうじんぶつ Main characters 主要登场人物 Các nhân vật chính trong sách ⋯⋯⋯⋯⋯⋯ (19)

仕事のメールの基本 しごと きほん ⋯⋯⋯⋯⋯⋯⋯⋯⋯⋯⋯⋯⋯⋯⋯⋯⋯⋯⋯⋯⋯⋯⋯⋯⋯⋯⋯⋯ 2

Basics of business emails 商务电子邮件的基本 Căn bản về email kinh doanh

第1章 基本ルール8 だい しょう きほん The 8 basic rules 8个基本规则 8 quy tắc cơ bản

目標 もくひょう

正確なメールを書く せいかく か
Write an accurate email
写正确的邮件
Viết email chính xác

ルール1 件名 メールの用件が伝わる件名を書く けんめい ようけん つた けんめい か ⋯⋯⋯⋯⋯⋯⋯ 9

The subject: Write something that tells your addressee what the email is about

[邮件名] 写下能传达电子邮件要事的邮件名

[Tiêu đề] Viết tiêu đề truyền tải được việc cần bàn trong email

ルール2 宛名 宛名を正しく書く あてな あてな ただ か ⋯⋯⋯⋯⋯⋯⋯⋯⋯⋯ 17

The addressee: Get it right

[收件人名] 正确写下收件人名

[Tên người nhận] Viết chính xác tên người nhận

ルール3 書き始め 挨拶から書き始める か はじ あいさつ か はじ ⋯⋯⋯⋯⋯⋯ 25

Start writing: Begin with a greeting

[开头] 从问候语开始写

[Phần đầu] Bắt đầu từ lời chào hỏi

まとめの練習1 れんしゅう Review questions 1 总结练习1 Luyện tập tổng hợp 1 ⋯⋯⋯⋯⋯⋯ 32

伝わりやすいメールを書く つた か
Write a clear email
写容易传达的邮件
Viết email dễ hiểu

ルール4 主文 相手への伝わりやすさを意識する しゅぶん あいて つた いしき ⋯⋯⋯⋯ 33

Main text: Pay attention to clarity

[正文] 意识到向对方传达的难易程度

[Phần chính] Chú ý viết cho đối phương dễ hiểu

ルール5 主文 相手の誤解や疑問を生まないように書く しゅぶん あいて ごかい ぎもん う か ⋯⋯⋯⋯ 41

Main text: Write in a way that creates no misunderstanding or doubt

[正文] 以不要让对方产生误会或疑问的方式来写

[Phần chính] Viết để không gây thắc mắc cho đối phương

まとめの練習2 れんしゅう Review questions 2 总结练习2 Luyện tập tổng hợp 2 ⋯⋯⋯⋯ 49

ルール 6 　[主文] 相手の状況や気持ちを考える ································· 51
Main text: Consider the feelings and situation of the addressee
[正文] 考虑对方的处境和感受
[Phần chính] Nghĩ đến hoàn cảnh và tâm trạng của đối phương

ルール 7 　[主文] 仕事のメール向きの表現で書く ····················· 61
Main text: Use business email-appropriate expressions
[正文] 以符合商务电子邮件的表达方式来写
[Phần chính] Viết bằng những mẫu diễn đạt phù hợp với email kinh doanh

丁寧なメールを書く
Write a polite email
写礼貌的邮件
Viết email lịch sự

ルール 8 　[書き終わり] 書き終わりを丁寧にまとめる ····················· 71
Sign-off: Considerately conclude your email
[结尾] 认真总结结尾
[Phần kết] Kết thúc một cách lịch sự

まとめの練習3 　Review questions 3 　总结练习3 　Luyện tập tổng hợp 3 ···················· 79

16のチェックポイントリスト 　List of 16 Checkpoints 　16个注意要点列表 　Danh sách 16 điểm kiểm tra ······80

第2章　仕事のメールを書く 　Writing a business email 　写商务电子邮件 　Viết email kinh doanh

1 依頼に対して承諾する ································· 82
Agreeing to requests 　接受请求 　Chấp nhận yêu cầu

2 依頼に対して回答を保留する／回答する ····················· 88
Refraining from answering/giving an answer to a request
保留对请求的回复/回复
Trì hoãn trả lời/Trả lời yêu cầu

3 依頼をする／お礼を言う ································· 97
Making a request/giving thanks 　提出请求/致谢 　Đưa ra yêu cầu/Cảm ơn

4 指摘・催促をする／お詫びをする ····················· 106
Pointing out and reminding/apologizing
指出　催促/赔礼道歉
Chỉ ra lỗi hoặc hối thúc/Xin lỗi

5 ファイルを添付する／お詫び・訂正をする ·············· 113
Attaching a file/apologizing and making corrections
附加文件/道歉・更正
Đính kèm tập tin/Xin lỗi hoặc đính chính

場面別メールリスト 　List of emails by scenario 　按场面列出的电子邮件列表 　Danh sách email theo tình huống ···· 121

語彙リスト 　Vocabulary list 　词汇表 　Danh sách từ vựng ································· 123

別冊 　Supplement 　附册 　Phụ lục
解答・解答例 　Answers and sample answers 　答案・答案示例 　Đáp án - Đáp án mẫu

本書の使い方

■**全体構成** 本書は「本冊」および「別冊」からなります。

○本冊

1. 仕事のメールの基本

　仕事のメールの特徴、マナー、基本の型、敬語およびフォーマルな表現について書かれています。第1章の基本ルール（1〜8）を学習する前に、仕事のメールの基本を確認します。

2. 第1章　基本ルール8

　仕事のメールを書く上で大切な点が、8つの基本ルールにまとめられています。基本的にはルール1から順に学んでいくことをお勧めします。各ルールは、ウォーミングアップ、チェックポイント、練習の3部で構成されています。

　＜ウォーミングアップ＞

　表現を直したり言葉を入れたりする必要のあるメールが提示されています。まず、質問の答えを自分で考え、次のチェックポイントに進みます。

　＜チェックポイント＞

　ウォーミングアップの質問の答えになるポイントが詳しく説明されています。例や表などでポイントが理解できたら、ウォーミングアップに戻り、質問の答えを「解答・解答例」を見ながら確認します。

　＜練習＞

　基本的に、練習1と2が基本練習、練習3が応用練習です。各練習の問題文には、確認してほしいチェックポイント番号が書かれています。

　　例）➡1-①②　＝　ルール1のチェックポイント1と2

　練習3には「考えよう」または「確認しよう」があります。練習問題のメールに書かれている表現について、さらに理解を深めます。

第1章は「正確なメールを書く」「伝わりやすいメールを書く」「丁寧なメールを書く」の3つの目標に分かれており、目標毎に「まとめの練習」があります。

また、第1章の終わりには全てのチェックポイントが確認できる「16のチェックポイントリスト」があります。第1章の復習や第2章の学習途中での確認などにご活用ください。

3. 第2章　仕事のメールを書く（全5課）

第2章は全5課に分かれています。第1章の基本ルール（1〜8）を確認しながら、相手とのメールのやりとりを通じて、メールの書き方を学習します。各課は、メールのやりとりの流れと主なポイント、サンプル、練習の3部で構成されています。

＜メールのやりとりの流れと主なポイント＞

その課で学ぶメールのやりとりの流れ、送信・受信・返信の際のポイント、確認してほしいチェックポイント番号が書かれています。

例）➡1-①② ＝ ルール1のチェックポイント1と2

次のページのサンプルを見ながら、表現や基本ルールを確認します。

＜サンプル＞

メールのやりとりの流れに沿って、各メールのサンプルが書かれています。ここでは主にメールを書く際の文の流れが確認できます。

＜練習＞

基本的に、練習1と練習2が基本練習、練習3が応用練習です。基本練習は、送信・受信・返信のメールの内容を理解しながら、第1章の基本ルールや語彙・表現を確認します。応用練習では、実際にメールを作成します。「下書きメモ」には、メールを書く際のヒントが書かれています。また、解答用紙は、スリーエーネットワークのウェブサイトからダウンロードができます。

4. 場面別メールリスト

　本書内で取り上げたメールが場面別にまとめられています。ただし、練習問題やウォーミングアップのメールは誤用が含まれている、一部しか書かれていないなどの場合もあります。「解答・解答例」で正しい答えを確認し、実際にその場面のメールを書く際に参考としてご活用ください。

5. 語彙リスト

　脚注に取り上げた語彙のリストです。各語彙は基本的に本書全体で最初に出てきたページの脚注に載せており、原則として、「日本語能力試験」N3以上相当で、著者が必要だと判断した語彙に対訳（英語・中国語・ベトナム語）が付いています。語彙リストは50音順になっています。

○別冊：解答・解答例

　自分で文を作成する問題のように、答えが1つだけではない問題もあります。自分が書いたものと比べて、異なる表現などを確認してください。

■表記・凡例

本書では、メール文以外の全ての漢字にルビが付いています。また、本書では以下の記号が使われています。

V	動詞
Vます	動詞の「ます形」語幹（「送ります」の「送り」、「知らせます」の「知らせ」の部分）
Vない	動詞の「ない形」
Vない	動詞の「ない形」語幹（「送らない」の「送ら」、「知らせない」の「知らせ」の部分）
Vて	動詞の「て形」
Vたら	動詞の「たら」の形
辞	「辞書形」
N	名詞
A	形容詞
イA	イ形容詞
イA	イ形容詞の語幹（「少ない」の「少な」の部分）
ナA	ナ形容詞
ナA	ナ形容詞の語幹（「有名な」の「有名」の部分）
普	「普通形」
[接続]	動詞や形容詞などがその表現の前でどのような形になるかが書いてあります。
WEB	スリーエーネットワークのウェブサイトに補助教材（Wordファイル）があります。

■補助教材

・練習問題の「解答用紙」の一部
・教師用指導のポイント

　以下のウェブサイトからダウンロードしてお使いください。

https://www.3anet.co.jp/np/books/4028/

How to use this book

■General structure   This publication consists of a book and a supplement.

○Book

1. Basics of business emails

Understand the characteristics of business emails, correct manners, basic email types, honorifics, and formal expressions. Review the basics of business emails before learning the basic rules (1-8) in Chapter 1.

2. Chapter 1：The 8 basic rules

Here you will find the eight basic rules summarized for you to remember when composing a business email. Learning the rules in order from 1 to 8 is recommended. Each rule is made up of three parts: the Warm-up, Checkpoint, and Practice.

〈Warm-up〉

Each warm-up contains a business email that needs revisions, such as improving the expressions or adding words. First, think up your own answer to the question and proceed to the Checkpoint.

〈Checkpoint〉

Explains in detail the points to consider in answering the Warm-up question. Once you have understood the points from the examples and the table, return to the warm-up and check the answers in Answers and Sample Answers.

〈Practice〉

Practice 1 and 2 are basic exercises, while practice 3 is a practical exercise. The problem text for each practice includes the checkpoint numbers for you to check.

Example: ➡1-①② ＝ Rule 1, Checkpoint 1 and 2

Practice 3 has "考えよう（Think）" and "確認しよう（Check）" parts to deepen your understanding of the language used in the practice question emails.

Chapter 1 is divided into three goals: "Write an accurate email," "Write a clear email," and "Write a polite email." Each goal comes with a "Review questions."

At the end of Chapter 1 is a "List of 16 Checkpoints" for you to confirm all of the checkpoints. Use this to revise Chapter 1 or to revisit when you are on Chapter 2.

3. Chapter 2：Writing a business email（5 lessons）

Chapter 2 is divided into five lessons. While reviewing the basic rules (1-8) of Chapter 1, you will learn how to write a good business email by exchanging emails with a correspondent. Each lesson consists of three parts: the Flow and main points of email exchanges, Samples, and Practice.

〈Flow and main points of email exchanges〉

　Covers the flow and main points of email exchanges, the points to note when sending, receiving, and replying to emails and the checkpoint numbers for you to check.

　Example: ➡1-①②　=　Rule 1, Checkpoint 1 and 2

　As you study the sample on the following page, look at the language and basic rules.

〈Sample〉

　A sample of each email according to the flow of the email exchange. The main point is to check the flow of your text when writing an email.

〈Practice〉

　In essence, Practice 1 and Practice 2 are basic exercises, and Practice 3 is a practical exercise. In basic exercises, you will understand the content of the emails you send, receive, and reply to, and review the basic rules, vocabulary, and expressions from Chapter 1. In the practical exercise, you will actually create an email. The "下書きメモ (draft notes)" give you tips on how to write an email. You can also download the answer sheet from the 3A Corporation website.

4. List of emails by scenario

　The emails found in this book are summarized by scenario. However, some exercise problems and warm-up emails might include mistakes or might only be partially complete. Check the correct answer in Answers and Sample Answers and refer to it when writing an email when a scenario applies to your email.

5. Vocabulary list

　The list of vocabulary found in the footnotes. Each vocabulary is basically listed in the footnote on the page where it first appears in this book. In principle, it is composed of vocabulary that is equivalent to N3 or higher of the Japanese Language Proficiency Test, and vocabulary that the author deems necessary is accompanied by a trilingual translation (English, Chinese, Vietnamese). The list is in "Japanese syllabary" (*kana*) order.

○Supplement ： Answers and Sample Answers

　As with the problems requiring you to write your own sentences, some problems have more than one possible answer. Check aspects such as the different expressions used compared to what you have written.

■Notation/explanatory notes

In this book, *kana* is given alongside all *kanji* characters except in email text. The following notation is also used.

V	Verb
V ます	Verb stem of "-masu" form (as in "送り" of 送ります or "知らせ" of "知らせます")
V ない	"-nai" form of a verb
V ない	Verb stem of "-nai" form (as in "送ら" of 送らない or "知らせ" of "知らせない")
V て	"-te" form of a verb
V たら	"-ta" form of a verb followed by "ra"
辞	Dictionary form
N	Noun
A	Adjective
イ A	"-i" adjective
イ A	Stem of "-i" adjective (as in "少な" of "少ない")
ナ A	"-na" adjective
ナ A	Stem of "-na" adjective (as in "有名" of "有名な")
普	Regular form
［接続］	Gives the form that a verb or adjective, etc., takes before the specific expression.
WEB	Supplementary teaching materials can be found on the 3A Corporation website (Word files).

■Supplementary teaching materials

· Some answer sheets for exercise problems
· Teaching points
  Please download from:
    https://www.3anet.co.jp/np/books/4028/

本书的使用方法

■**整体构成** 本书由"主册"和"附册"组成。

○**主册**

1．商务电子邮件的基本

这里介绍了商务电子邮件的特点、礼仪、基本类型、敬语以及正式的表达方式。在学习第1章的基本规则（1～8）之前，先确认商务邮件的基本内容。

2．第1章 8个基本规则

写商务电子邮件的要点总结为8个基本规则。建议您基本上从规则1开始按顺序学习。每个规则由热身、注意要点、练习的3部分组成。

＜热身＞

这里有需要修改表达方式、加入语言等的商务电子邮件。首先，自己思考问题的答案，然后进入下节的注意要点。

＜注意要点＞

详细说明了热身问题的答案要点。通过例子和表格等理解了要点的话，回到热身问题，边看"解答·解答示例"边确认问题的答案。

＜练习＞

基本上，练习1和2是基本练习，练习3是应用练习。在各练习题中，写到希望确认的注意要点编号。

例）➡1-①② ＝ 规则1的注意要点1和2

练习3有「考えよう」（思考一下）或「確認しよう」（确认一下）。对于练习题的电子邮件中所用的表达方式，可以加深理解。

第1章分为3个目标：写正确的邮件、写容易传达的邮件、写礼貌的邮件，每个目标都有"总结练习"。

另外，在第1章的末尾有可以确认所有注意要点的"16个注意要点列表"。请用于第1章的复习或者在第2章的学习过程中用来确认等。

3．第2章 写商务电子邮件（共5课）

第2章共分为5课。在确认第1章的基本规则（1～8）的同时，通过与对方的电子邮件交流，学习商务电子邮件的写法。各课由3部分组成：电子邮件交流流程和要点、样例、练习。

＜电子邮件交流流程和要点＞

介绍在那个课要学习的电子邮件交流的流程和发送、接收、回复时的要点、希望确认的注意要点编号。

例）➡1-①②　＝　规则1的注意要点1和2

查看下一页的样例，同时确认表达方式和基本规则。

＜样例＞

按照电子邮件交流的流程，提供各电子邮件的例子。在这里主要可以确认写电子邮件时的句子的顺序。

＜练习＞

基本上，练习1和练习2是基本练习，练习3是应用练习。基本练习是边理解发送、接收、回复电子邮件的内容，边确认第1章的基本规则、词汇、表达方式。在应用练习中，实际撰写电子邮件。"下書きメモ（草稿笔记）"上有写电子邮件时的提示。另外，答案纸可以从スリーエーネットワーク（3A公司）的网站上下载。

4．按场面列出的电子邮件列表

本书中提到的电子邮件是按场景分类的。但是，练习题和热身题的电子邮件中有包含误用、只写了一部分等情况。请在"解答・解答示例"中确认正确的答案，并在实际上写那个场面的电子邮件时将其作为参考。

5．词汇表

这是脚注中列出的词汇表。各词汇基本上都写在本书整体中最初出现的页面的脚注中，原则上，是相当于"日语能力考试"N3以上的，而且是作者认为必要的词汇。各词汇都附有对译（英语、中文、越南语）。词汇表按50音顺序排列。

〇附册：解答・解答示例

如同自己造句一样，有些问题不仅仅只有一个答案。将与自己所写的句子相比，请确认是否有不同的表达方式等。

■表记·凡例

在本书中，除电子邮件文以外的所有汉字都有注音假名。另外，本书使用了以下符号。

V	动词
V ます	动词的「ます形」词干（「送ります」的「送り」、「知らせます」的「知らせ」的部分）
V ない	动词的「ない形」
V ない	动词的「ない形」词干（「送らない」的「送ら」、「知らせない」的「知らせ」的部分）
V て	动词的「て形」
V たら	动词的「たら」的形
辞	「字典形」
N	名词
A	形容词
イ A	イ形容词
イ A	イ形容词的词干（「少ない」的「少な」的部分）
ナ A	ナ形容词
ナ A	ナ形容词的词干（「有名な」的「有名」的部分）
普	「普通形」
[接续]	表示动词和形容词等在其表达方式前面会变成什么样的形状。
WEB	3A公司的网站里有辅助教材（Word文件）。

■辅助教材

·练习题的"答题纸"的一部分

·教师用指导要点

请从以下网站下载使用。

https://www.3anet.co.jp/np/books/4028/

Cách sử dụng sách này

■Cấu trúc tổng thể Sách này bao gồm "Sách chính" và "Phụ lục".

○Sách chính

1. Căn bản về email kinh doanh

Phần này viết về các đặc điểm, quy tắc ứng xử, mẫu câu cơ bản, kính ngữ và các mẫu diễn đạt trang trọng của email kinh doanh. Bạn sẽ xác nhận lại những điều căn bản của email kinh doanh trước khi học các quy tắc cơ bản ở chương 1 (từ 1 đến 8).

2. Chương 1: 8 quy tắc cơ bản

Các điểm quan trọng khi viết email kinh doanh được tóm tắt thành 8 quy tắc cơ bản. Về căn bản, chúng tôi khuyến khích học theo thứ tự từ quy tắc 1. Mỗi quy tắc bao gồm 3 phần: Khởi động, Điểm kiểm tra, Luyện tập.

<Khởi động>

Phần này ghi những email kinh doanh cần chỉnh sửa mẫu diễn đạt, thêm từ ngữ, v.v. Trước tiên, bạn hãy tự suy nghĩ câu trả lời cho các câu hỏi, sau đó chuyển sang phần Điểm kiểm tra.

<Điểm kiểm tra>

Các điểm chính để trả lời câu hỏi ở phần Khởi động được giải thích chi tiết ở đây. Sau khi hiểu các điểm chính qua ví dụ hoặc biểu đồ, bạn sẽ quay lại phần Khởi động để đối chiếu câu trả lời với "Đáp án - Đáp án mẫu".

<Luyện tập>

Nhìn chung, Luyện tập 1 và 2 là luyện tập cơ bản, Luyện tập 3 là luyện tập nâng cao. Trong đề bài của mỗi bài luyện tập có ghi số của điểm kiểm tra mà bạn cần xem.

Ví dụ: ➡1-①② = Điểm kiểm tra 1 và 2 của quy tắc 1

Trong Luyện tập 3 có các mục "考えよう（Hãy suy nghĩ)" hoặc "確認しよう（Hãy xác nhận)". Bạn sẽ tìm hiểu sâu hơn về các mẫu diễn đạt xuất hiện trong email của bài luyện tập.

Chương 1 được chia thành 3 mục tiêu: "Viết email chính xác", "Viết email dễ hiểu", "Viết email lịch sự". Mỗi mục tiêu đều có phần "Luyện tập tổng hợp".

Ngoài ra, cuối chương 1 có danh sách "16 điểm kiểm tra" giúp bạn xác nhận tất cả các điểm kiểm tra. Hãy sử dụng nó để ôn tập chương 1 hoặc xác nhận lại trong quá trình học chương 2 v.v.

3. Chương 2: Viết email kinh doanh (tổng cộng 5 bài học)

Chương 2 được chia thành 5 bài học. Bạn sẽ vừa xác nhận lại các quy tắc cơ bản (từ 1 đến 8) của chương 1 vừa học cách viết email kinh doanh thông qua quá trình trao đổi email với đối tác. Mỗi bài học bao gồm 3 phần: Diễn tiến của quá trình trao đổi email và các điểm chính, Email mẫu, Luyện tập.

<Diễn tiến của quá trình trao đổi email và các điểm chính>

Phần này ghi diễn tiến của quá trình trao đổi email được học trong bài đó, cùng với các điểm chính cần lưu ý khi gửi, nhận, hồi âm email và số thứ tự của các điểm kiểm tra mà bạn cần xem lại.

Ví dụ: ➡1-①② = Điểm kiểm tra 1 và 2 của quy tắc 1

Bạn sẽ xác nhận lại các mẫu diễn đạt và quy tắc cơ bản bằng cách tham khảo email mẫu ở trang tiếp theo.

<Email mẫu>

Email mẫu được viết theo diễn tiến của quá trình trao đổi email. Tại đây, bạn chủ yếu kiểm tra lại sự mạch lạc của câu văn khi viết email.

<Luyện tập>

Nhìn chung, Luyện tập 1 và Luyện tập 2 là luyện tập cơ bản, Luyện tập 3 là luyện tập nâng cao. Trong phần luyện tập cơ bản, bạn sẽ hiểu nội dung của các email gửi, nhận và hồi âm, đồng thời xác nhận lại các quy tắc cơ bản và từ vựng, cách diễn đạt trong chương 1. Trong phần luyện tập nâng cao, bạn sẽ trực tiếp soạn thảo email. Phần "下書きメモ（Ghi chú nháp）" cung cấp các gợi ý khi viết email. Ngoài ra, bạn có thể tải mẫu giấy làm bài từ trang web của 3A Corporation.

4. Danh sách email theo tình huống

Các email được đề cập trong sách này được tổng hợp theo tình huống. Tuy nhiên, các email trong phần Luyện tập hoặc Khởi động có thể chứa các lỗi sử dụng hoặc chỉ được viết một phần. Bạn hãy kiểm tra đáp án chính xác trong "Đáp án - Đáp án mẫu" và sử dụng làm tài liệu tham khảo khi viết email thực tế trong tình huống tương tự.

5. Danh sách từ vựng

Về cơ bản, các từ vựng được in dưới dạng chú thích ở trang mà chúng xuất hiện lần đầu trong toàn bộ sách này. Về nguyên tắc, những từ vựng có trình độ tương đương N3 trở lên trong Kỳ thi Năng lực Nhật ngữ và được tác giả đánh giá là cần thiết thì có kèm theo bản dịch (tiếng Anh, tiếng Trung, tiếng Việt). Danh sách từ vựng được sắp xếp theo thứ tự âm tiết.

○Phụ lục: Đáp án - Đáp án mẫu

Tương tự như bài tập yêu cầu đặt câu, có những bài luyện tập có nhiều hơn một đáp án. Hãy so sánh với những gì bạn đã viết và xác nhận lại các mẫu diễn đạt khác nhau.

■Ký hiệu và chú thích

Trong sách này, tất cả các Hán tự ngoài văn bản email đều có kèm phiên âm. Ngoài ra, sách còn sử dụng các ký hiệu dưới đây.

V	động từ
V~~ます~~	thân từ của động từ thể ます (phần "送り" của "送ります", "知らせ" của "知らせます")
Vない	thể ない của động từ
Vない	thân từ của động từ thể ない (phần "送ら" của "送らない", "知らせ" của "知らせない")
Vて	thể て của động từ
Vたら	thể たら của động từ
辞	thể tự điển
N	danh từ
A	tính từ
イA	tính từ イ
イA~~い~~	thân từ của tính từ イ (phần "少な" của "少ない")
ナA	tính từ ナ
ナA~~な~~	thân từ của tính từ ナ (phần "有名" của "有名な")
普	thể thông thường
［接続］	cho biết động từ, tính từ v.v. sẽ thay đổi hình thức như thế nào khi đứng trước mẫu diễn đạt đó.
WEB	có tài liệu bổ trợ (dạng Word) trên trang web của 3A Corporation.

■Tài liệu bổ trợ

- Một phần của "Mẫu giấy làm bài" trong phần Luyện tập
- Các điểm hướng dẫn dành cho giáo viên

Vui lòng tải về và sử dụng từ trang web dưới đây.

https://www.3anet.co.jp/np/books/4028/

主な登場人物

おも とうじょうじんぶつ

Main characters　主要登場人物　Các nhân vật chính trong sách

株式会社3EE

かぶしきがいしゃ

3EE Co., Ltd.　3EE股份有限公司　công ty cổ phần 3EE

営業部第一課

えいぎょうぶだいいっか

Sales Department, Section No. 1　営业部第一科室　tổ 1, phòng Kinh doanh

すずきけんいち かちょう

鈴木健一（課長）

なかむらよしみ

中村好美

きだあさこ

木田朝子

スタン・ケリー

総務部

そうむぶ

Administration Department　总务部

phòng Tổng hợp

ささきだい

佐々木大

ワン・ファン

情報システム部

じょうほうぶ

Information System Department　信息系统部

phòng Hệ thống thông tin

やまもとはな ぶちょう

山本花（部長）

グエン・シン・タン

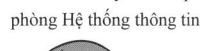

とりひきさき

取引先　Partners　客户　đối tác

株式会社SSJ

かぶしきがいしゃ

SSJ Co., Ltd.　SSJ股份有限公司

công ty cổ phần SSJ

そうむぶ ひらたなおと

総務部　平田直人

仕事のメールの基本

Basics of business emails

商务电子邮件的基本

Căn bản về email kinh doanh

仕事のメールの基本

Basics of business emails　商务电子邮件的基本　Căn bản về email kinh doanh

　　メールは便利なコミュニケーション方法で、仕事で多くの人に使われています。仕事のメールの基本を確認しましょう。

1. 仕事のメールの特徴

　　メールには、良い点も悪い点もあります。メールの主な特徴を理解しましょう。

──── 良い点 ────	──── 悪い点 ────
・相手にいつでも連絡ができる ・ファイルが送れる ・複数の人に同時に送れる	・いつメールが読まれるか分からない ・間違えて送ってしまう可能性がある ・相手に誤解される可能性がある

　　仕事の簡単な報告・連絡・相談・お知らせ・質問などは、メールがよく使われます。しかし、急いで連絡しなければならない場合や、話し合いが必要な場合などは、基本的に電話や会って話したほうがいいです。また、情報が漏れると困るような内容がある場合も、一般的にメールは使いません。

コミュニケーション　communication　交流　sự giao tiếp

ファイル　file　文件　tập tin

同時に　simultaneously　同时　cùng lúc

誤解する　misunderstand　误解　hiểu lầm

内容　content　内容　nội dung

相手　other party　对方　đối phương

複数　multiple　多个　nhiều

可能性がある　possible　有可能　có khả năng

漏れる　leak　泄露　bị lộ

一般的　generally　一般的　nói chung

2. 仕事のメールのマナー

仕事でメールを使うときに大切なことは、「もし自分が相手だったら」という気持ちで考えることです。特に、次の①～③に気をつけましょう。

①すぐに返信をする

送ったメールに2～3日返信がないと、自分の送ったメールがきちんと届いているかどうか、不安になります。メールをもらったら、原則として24時間以内に返信するようにしましょう。

②簡潔な文を書く

長くて複雑な文は、相手がメールを読むのに時間がかかります。また、内容をすぐに理解することも難しくなります。仕事のメールは相手への伝わりやすさを考えて、簡潔な文を書きましょう。

③メールを送る前に確認をする

間違いが多いメールは、相手に迷惑をかけてしまいます。また、相手から信用されにくくなる可能性もあります。表現やメールの内容などにミスがないか、よく確認してからメールを送りましょう。

マナー	manners 礼仪 quy tắc ứng xử	返信	reply 回复 hồi âm
原則	principle 原则 nguyên tắc	簡潔	concise 简洁 ngắn gọn
迷惑	annoyance 烦扰 sự phiền hà	かける	cause 添 gây ra
信用	trust 信用 sự tin tưởng	表現	expression 表达方式 mẫu diễn đạt
ミス	mistake 错误 sai sót		

3. 仕事のメールの基本の型

仕事のメールは、基本的に「件名」「宛名」「書き始め」「主文」「書き終わり」「署名」の順番で書きます。

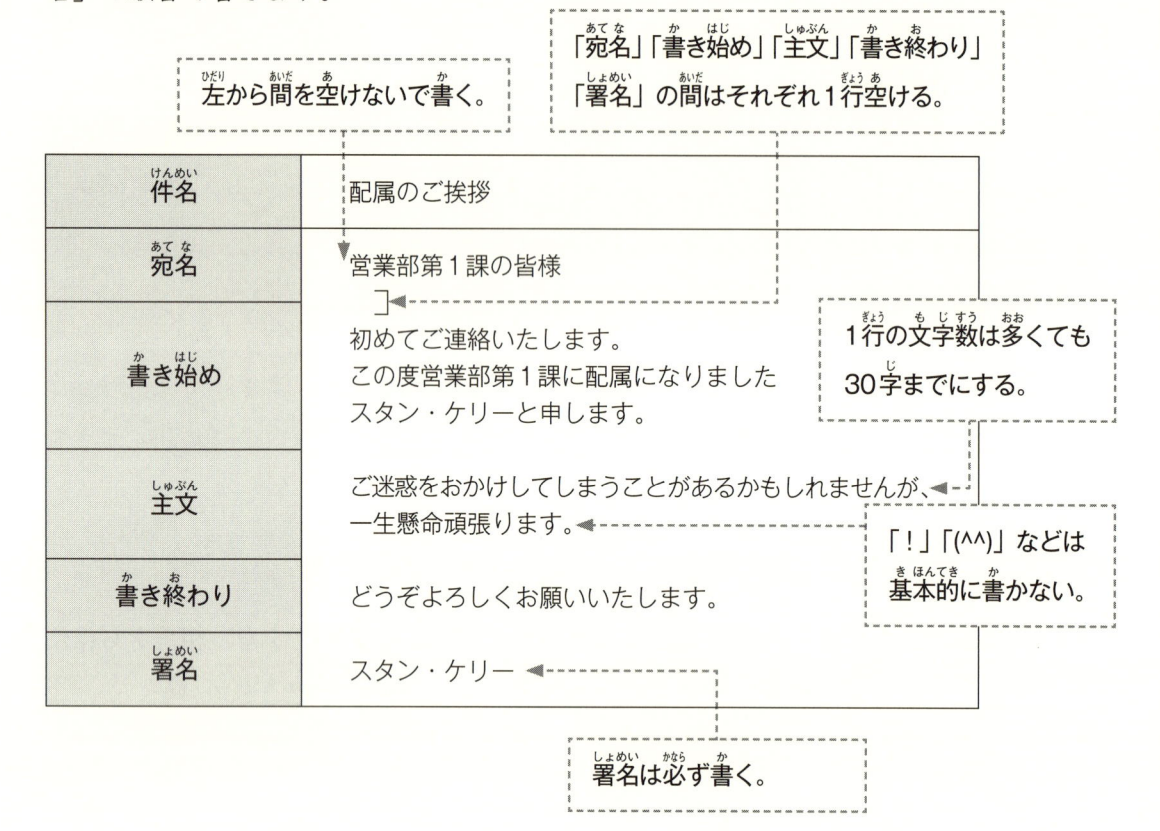

左から間を空けないで書く。

「宛名」「書き始め」「主文」「書き終わり」「署名」の間はそれぞれ1行空ける。

件名	配属のご挨拶
宛名	営業部第1課の皆様
書き始め	初めてご連絡いたします。 この度営業部第1課に配属になりました スタン・ケリーと申します。
主文	ご迷惑をおかけしてしまうことがあるかもしれませんが、 一生懸命頑張ります。
書き終わり	どうぞよろしくお願いいたします。
署名	スタン・ケリー

1行の文字数は多くても30字までにする。

「！」「(^^)」などは基本的に書かない。

署名は必ず書く。

型　form　类型　dạng thức

宛名　addressee　收件人名　tên người nhận

署名　signature　署名　chữ ký

〜行　〜line　〜行　〜dòng

営業部　sales department　营业部　phòng Kinh doanh

この度　this time　这一次　lần này

件名　subject　邮件名　tiêu đề

主文　main text　正文　phần chính

空ける　space　空出　chừa trống

配属　assignment/attachment　分配　sự bố trí, sự điều phối

課　section　科室　tổ

文字数　number of characters　字数　số chữ

4. 敬語・フォーマルな表現

仕事の場面でやりとりをするメールは、敬語やフォーマルな表現で書くのが基本です。よく使われる表現を確認しましょう。

動詞（V）の敬語の例

〈基本の形〉

尊敬語	おVます お／ごN*　　になります	例）	・待ちます→お待ちになります ・利用します→ご利用になります
謙譲語	おVます お／ごN*　　します／いたします	例）	・送ります→お送りいたします ・連絡します→ご連絡いたします

* 「名詞（を）する」の形で使える名詞

〈特別な形〉

	尊敬語	謙譲語
します	なさいます	いたします
行きます／来ます	いらっしゃいます	伺います／参ります
います	いらっしゃいます	おります
あります		ございます
[質問などを] 聞きます	（お聞きになります）	伺います
言います	おっしゃいます	申します／申し上げます
あげます		差し上げます
もらいます		いただきます／頂戴します
くれます	くださいます	
思います	（お思いになります）	存じます
見ます	ご覧になります	拝見します

....

フォーマル　formal　正式的　trang trọng

やりとり　exchange　互通　sự trao đổi

名詞　noun　名词　danh từ

謙譲語　humble expressions　谦逊语　khiêm nhường ngữ

場面　scene　场面　tình huống

動詞　verb　动词　động từ

尊敬語　respectful expressions　尊敬语　tôn kính ngữ

5

名詞（N）／形容詞（A）の敬語の例

お〜	ご〜
お名前、お電話、お願い、お詫び、お礼、お知らせ、お問い合わせ、お休み、お手数、お手元、お一人、お忙しい、お好きなど	ご連絡、ご予定、ご意見、ご報告、ご都合、ご迷惑、ご提出、ご返信、ご回答、ご確認、ご参加、ご依頼、ご印鑑、ご担当者、ご無理、ご不明など

フォーマルな表現の例

普通の表現	フォーマルな表現	普通の表現	フォーマルな表現
これ／ここ	こちら	この前／この間	先日
どんな	どのような	これから	今後
誰	どなた	さっき	先ほど
どう	どのように／いかが	もう一度	再度
今日	本日	とても	大変／非常に
今年	本年	〜から／ので（理由）	〜ため
去年	昨年	〜で（場所／方法）	〜にて
今	現在／ただ今	すみません	申し訳ございません

形容詞　adjective　形容词　tính từ

第1章
だい　　　しょう

基本ルール8
き　ほん

The 8 basic rules

8个基本规则

8 quy tắc cơ bản

件名 メールの用件が伝わる件名を書く

The subject: Write something that tells your addressee what the email is about

[邮件名] 写下能传达电子邮件要事的邮件名　[Tiêu đề] Viết tiêu đề truyền tải được việc cần bàn trong email

ウォーミングアップ

これは、株式会社3EE営業部第一課の鈴木課長の受信トレイです。

	件名	日付
✉Nakamura_Yoshimi	2/27（火）研修Aレポートのご提出	20XX/
✉Yamamoto_Hana	Fw: 3/6会議A時間変更のご連絡	20XX/
① ✉Kelly_Stan	先日お聞きしたことについて、ご連絡をどうぞよろしくお願いいたします。	20XX/
✉Hirata_Naoto	Re:「システムW」についてのご質問	20XX/
✉Wang_Fang	Re: アンケートご協力のお礼	20XX/

1. ①は直したほうがいい件名です。①はほかの件名とどのように違いますか。

2. 件名はどのようなことに気をつけて書きますか。

株式会社　Co., Ltd.　股份有限公司　công ty cổ phần

受信トレイ　inbox　收件箱　hộp thư đến

レポート　report　报告　bản báo cáo

変更　change　更改　sự thay đổi

アンケート　questionnaire　调查问卷　bảng câu hỏi

課長　section manager　科长　tổ trưởng

研修　training　培训　buổi tập huấn

提出　submission　提交　sự nộp

システム　system　系统　hệ thống

協力　cooperation　协助　sự hợp tác

件名には具体的な情報を書く

Include specific information in the subject　在邮件名里写具体信息　Viết thông tin chính xác trong tiêu đề

　件名は、相手がメールを読まなくても用件が分かるように書くことが大切です。件名には「いつの」「何を」「どうする」などの具体的な情報を書きましょう。また、今までのメールのやりとりを件名から探すこともあるため、返信や転送をするときは、件名は基本的に変えないようにしましょう。＊

＊返信の件名には「Re:」、転送には「Fw:」が自動的に付く。

〈**具体的な件名の例**〉

△	○
研修Ａのレポート	2/27（火）研修Ａレポートのご提出
ありがとうございました	・資料Ｘのご送付をありがとうございました ・資料Ｘのご送付のお礼

用件	business　要事　việc cần bàn	具体的	specific　具体的　cụ thể
転送	forwarding　转发　sự chuyển tiếp	自動的	automatically　自动　tự động
資料	material　资料　tài liệu		

チェックポイント 2　件名は短く書く
Write a short subject　邮件名要简短地写　Tiêu đề được viết ngắn gọn

件名を短く書くと、大切な情報がはっきりして相手に用件が伝わりやすくなります。
このため、件名には動詞の表現を名詞に変えた形がよく使われます。

〈件名によく使われる名詞の例〉

動詞の表現	名詞
報告（を）する	（ご）報告
連絡（を）する	（ご）連絡
相談（を）する	（ご）相談
提出（を）する	（ご）提出
質問（を）する	（ご）質問
お願い（を）する	お願い
お詫び（を）する	お詫び
お礼（を）言う	お礼
[資料などを] 送る	（ご）送付
[質問などに] 答える	（ご）回答
[予定などを] 変える	（ご）変更
[時間などを] 知らせる	お知らせ
[場所などを] 問い合わせる	（お）問い合わせ

お詫び　apology　道歉　sự xin lỗi　　　　　　問い合わせる　inquire　查询　hỏi

11

〈名詞で表した件名の例〉

動詞の表現	名詞で表した件名
N₁ を V	N₁ の（お／ご）N₂ 例）サンプルを送ります →サンプルのご送付
N₁ について V	N₁（について）の（お／ご）N₂ 例）打ち合わせ場所について連絡します →打ち合わせ場所（について）のご連絡
N₁ に関して V	N₁ に関する（お／ご）N₂ 例）研修Aに関して知らせます →研修Aに関するお知らせ
N₁ ［を／に］V て ください	N₁（お／ご）N₂のお願い 例）・資料を送ってください →資料ご送付のお願い ・アンケートに協力してください →アンケートご協力のお願い

ウォーミングアップに戻って、ルールの確認をしてみましょう！

表す　represent　表示　thể hiện
打ち合わせ　meeting　商洽、开会　cuộc họp bàn

サンプル　sample　样本、样品　hàng mẫu
～に関して　regarding ～ (formal expression)
　　　　　关于～（正式的表达）
　　　　　về ～, liên quan đến ～ (mẫu diễn đạt trang trọng)

練習1 ＿＿＿＿＿の表現を変えて、名詞で表した件名を書きましょう。 ➡1-②

例）資料Aを送ります。

　　→　資料A（　のご送付　）

1.　新しいメールアドレスを連絡します。

　　→　新しいメールアドレス（　　　　　　　　　　　）

2.　打ち合わせAのスケジュールについて相談をします。

　　→　打ち合わせAのスケジュール（　　　　　　　　　）

3.　レポートBに関して質問をします。

　　→　レポートB（　　　　　　　　　）

4.　商品Xのサンプルを送ってください。

　　→　商品Xのサンプル（　　　　　　　　　　）

メールアドレス　email address　电子邮件地址　địa chi email　スケジュール　schedule　日程安排　lịch trình
商品　product　商品　sản phẩm

練習2 メールの用件が分かりやすい件名を書きましょう。➡1-①②

例）6/20（金）の『研修X』について知らせる。

△ 研修のお知らせ → 6/20（金）『研修X』のお知らせ

1. 会議Xの時間を変えたことを連絡する。

△ 会議Xについて →

2. 5/14（火）の研修Yのレポートを提出する。

△ 研修レポート →

3. 5/15（水）に行ったプロジェクトAの打ち合わせのお礼を言う。

△ プロジェクトAの打ち合わせについて →

4. 商品Aの資料を送ってもらうようにお願いをする。

△ 資料を送ってください →

プロジェクト　project　项目　dự án

14

練習3 営業部第一課のケリーさんは、課内の全員に次のメールを送ります。➡1-①②

> お疲れ様です。ケリーです。
>
> システムXのログイン方法の変更について
> ご連絡します。
>
> 10月1日（月）午前9時から
> システムXのログイン方法が新しくなります。
>
> **お手数をおかけしますが、**
> 以下の『新しいログイン方法に関する注意点』の
> ご確認をお願いいたします。
>
> ==============
> 【新しいログイン方法に関する注意点】
> 1．パスワード

1. これは何についてのメールですか。a〜dの中から1つ選びましょう。

   a. 問い合わせ

   b. 連絡

   c. お詫び

   d. 質問

2. このメールの件名を書きましょう。

課内 in section 科室内 trong tổ

以下 the following 以下 bên dưới

パスワード password 密码 mật khẩu

ログイン login 登录 sự đăng nhập

注意点 notes 注意事项 điểm lưu ý

　「お手数」とは、相手の手間や負担などのことです。「お手数をおかけしますが」は、相手に手間や負担などをかけてしまうことを申し訳ないと思う気持ちを表します。この表現は、主に相手に何かをお願いするときによく使われます。

　練習3の「お手数をおかけしますが」とは、具体的に「何について」「どうしてもらう」ことが相手の手間や負担だと思っていますか。考えましょう。

手間　hassle　时间和精力　công sức　　　　　　負担　burden　负担　gánh nặng
申し訳ない　deeply sorry　抱歉　có lỗi, áy náy

ルール 2 宛名 **宛名を正しく書く**

The addressee: Get it right ［收件人名］正确写下收件人名

[Tên người nhận] Viết chính xác tên người nhận

ウォーミングアップ

営業部第一課のケリーさんは、情報システム部の山本部長に次のメールを送ります。

> 6/20（木）システムＸ打ち合わせ場所変更のご連絡
>
> ① 情報システム部
> 山本部長様
>
> お疲れ様です。
> 営業部第一課のケリーです。
>
> 6/20（木）13時からのシステムＸ打ち合わせ場所変更の
> ご連絡です。
>
> 20日は会議室Ａが使えなくなったため、
> 会議室Ｂ（3F）で行います。
>
> どうぞよろしくお願いいたします。
> -----------------------
> 営業部第一課
> スタン・ケリー

1. ①の宛名には誤りがあります。正しく直しましょう。

2. ケリーさんは、このメールを情報システム部のグエンさんにも一緒に送ります。
   1つのメールを同時に複数の人に送るには、どのような方法がありますか。

3. 1つのメールを同時に複数の人に送る場合、宛名はどのような順番で書きますか。

情報システム部　information system department
信息系统部　phòng Hệ thống thông tin

誤り　error　错误　lỗi, sai sót

会社名、役職名、敬称などの書き方に注意する

Pay close attention to company name, job title, and honorific title　注意公司名称、職務名称、尊称等写法
Lưu ý cách viết tên công ty, tên chức vụ, cách gọi tôn kính v.v.

　仕事のメールの最初には、必ず宛名を書きます。宛名には、メールを送る相手の会社名、部署名、役職名、氏名、敬称などを正しく書きましょう。

〈メールを送る相手が一人の場合の宛名〉

	基本の形*1	ポイント
社内	**＜役職名がある人の場合＞** ・部署名→氏名→役職名 　例）情報システム部　山本部長 ・部署名→役職名→氏名→敬称 　例）営業部第一課課長　鈴木様 **＜役職名がない人の場合＞** 部署名→氏名→敬称 　例）情報システム部　グエン様 **＜自分と同じ部署の人の場合＞** 氏名→敬称 　例）鈴木課長	・役職名のあとに敬称を付けない。 ○　鈴木課長 ×　鈴木課長様 ・自分と同じ部署の人の宛名は、部署名を付けない。
社外	会社名→部署名→（役職名→）氏名→敬称 　例）株式会社SSJ　総務部　平田様	（株）のように省略しない。*2 ○　株式会社SSJ ×　（株）SSJ

*1　宛名の最後には読点（、）を付けない。例）○ 平田様　× 平田様、
*2　相手と信頼関係ができている場合「株式会社」を書かないで社名だけを書く場合がある。
　　例）SSJ　総務部　平田様

部署名　department name　部门名称　tên phòng ban
役職名　job title　職務名称　tên chức vụ
氏名　full name　姓名　họ tên
敬称　honorific title　尊称　cách gọi tôn kính
社内　internal　公司内部　trong công ty
社外　external　公司外部　ngoài công ty
総務部　general affairs department　总务部　phòng Tổng hợp
省略する　abbreviate　省略　lược bỏ
信頼関係　trust relationship　信任关系　mối quan hệ tin tưởng nhau

〈主な敬称〉

敬称	メールを送る相手	ポイント
様／さん	個人 例)・総務部　佐々木様 ・中村さん	基本的に、役職が上の人や社外の人には「様」、関係が近くて親しい人には「さん」を使う。
(〜の) 皆様／ (〜) 各位	複数の人 例)・営業部第一課の皆様 ・社員各位	「各位」の前や後ろに「様」を付けない。 ○　関係者各位 ×　関係者様各位／ 関係者各位様
御中	会社や部署など 例) 株式会社FKI 営業部　御中	氏名も書く場合*は、部署名などに「御中」を付けない。 ○　株式会社FKI　営業部 菊池様 ×　株式会社FKI　営業部御中 菊池様

＊氏名が分からない場合は「ご担当者様」と書く。　例)　株式会社FKI　総務部　ご担当者様

個人　individual　个人　cá nhân

各位　Dear all (formal expression)　各位（正式的表达）
Kính gửi quý vị (mẫu diễn đạt trang trọng)

担当者　the person responsible　负责人　người phụ trách

複数の人への送信は送信方法や宛名の順に注意する

Pay close attention to sending method and order of addressee names when sending to multiple people
给多个人的发送要注意发送方式和收件人名的顺序
Lưu ý cách thức gửi và thứ tự tên người nhận khi gửi cho nhiều người

　1つのメールを同時に2人以上に送る場合、「TO（宛先）」に全員のメールアドレスを入れるほか、「CC（Carbon Copy）」や「BCC（Blind Carbon Copy）」を使う方法があります。宛名の順は相手との関係や相手の役職などに注意しましょう。

〈「TO」「CC」「BCC」の使い方と宛名のポイント〉

	受信者	ポイント
TO	メールを確実に読んでほしい人 *1	・基本的に役職が上の人や自分の所属先ではない人から順に書く。 ・それぞれの人に敬称や役職名を付ける。 ・それぞれの宛名の間に読点（、）を付ける。 　　　例）鈴木課長、中村さん ・送る人が多い場合は、「（～の）皆様」「（～）各位」などと書く。 　　　例）営業部各位

宛先　address　收件人地址　người nhận　　　　　　　確実　certainly　确实　nhất định, chắc chắn
所属先　affiliation　所属单位　nơi trực thuộc

20

	受信者	ポイント
CC	ほかの受信者に分かるようにして、メールの内容を共有したい人*2	・TOで送る人の宛名の後ろに（cc：○○）と書く。 　例）中村さん（cc：鈴木課長） ・社外の人をTO、社内の人をCCに入れる場合は、（cc：弊社*3 ○○）と書く。この場合は社内の人には敬称や役職名を付けない。 　例）SSJ平田様 　　　　（cc：弊社山本、鈴木）
BCC	ほかの受信者には分からないようにして、メールの内容を共有したい人	・BCCで送る人の宛名は書かない。 　例）〈木村さんをTOに入れて、鈴木課長をBCCに入れる場合〉 　　　木村さん

＊1　TOに入っている人は基本的に返信をする。CCが付いているメールに返信する場合は、全員に返信する。

＊2　CC、BCCに入っている人は原則として返信をする必要がない。

＊3　弊社：「自分の会社」のこと。社外の人に対して使う。

ウォーミングアップに戻って、ルールの確認をしてみましょう！

共有する　share　共享　chia sẻ

〜に対して　to〜　对于〜　đối với〜

弊社　our company　本公司　công ty của chúng tôi

練習 1 ＿＿＿＿＿＿の書き方を正しく直しましょう。➡2-①

例）株式会社SSJ　大谷、平田様　→　株式会社SSJ　大谷様、平田様

1. 株式会社SSJ　総務部様　→　株式会社SSJ　＿＿＿＿＿＿＿＿＿＿

2. 総務部　山田部長様　→　総務部　＿＿＿＿＿＿＿＿＿

3. （株）TOKYO御中　田中様　→　＿＿＿＿＿＿＿＿＿＿＿　田中様

4. 鈴木課長、中山部長　→　＿＿＿＿＿＿＿＿＿＿＿＿＿

練習 2 3EE営業部第一課のケリーさんは、次の相手にメールを送ります。宛名を書きましょう。➡2-①②

例）株式会社SSJ　総務部　平田さん（社外）
　　→ 【宛名】株式会社SSJ　総務部　平田様

1. 『プロジェクトA』の関係者全員（社内）
　　→ 【宛名】

2. 総務部のワンさん、ワンさんの先輩の佐々木さん、CCに営業部第一課の鈴木課長（全員社内）
　　→ 【宛名】

3. SSJ総務部の平田さん（社外）、CCに3EEの情報システム部の山本部長（社内）
　　→ 【宛名】

....

先輩　senior　前輩　tiền bối

練習3　3EE営業部第一課のケリーさんは、SSJ総務部の平田さんに次のメールを送ります。➡2-①②

> 6/21商品X打ち合わせのお礼
> ─────────────────────
> 株式会社SSJ　　①
> （cc：　②　　③　、　④　）
>
> 大変お世話になっております。
> 3EEのケリーです。
>
> 本日は**貴重**なお時間をいただき、
> ありがとうございました。
>
> ご質問をいただいた点は
> 6月28日（金）までにお答えいたします。
>
> 引き続き、どうぞよろしくお願いいたします。
> ---------------------
> スタン・ケリー
> 株式会社3EE

1.　①にどのような言葉を書きますか。a〜cの中から1つ選びましょう。
　　a. 総務部　平田様御中
　　b. 総務部御中　平田様
　　c. 総務部　平田様

2.　ケリーさんは3EEの社員2名をCCに入れます。社員の名前の前にどのような言葉を書きますか。②に入る正しい言葉をa〜cの中から1つ選びましょう。

　　a. 3EE
　　b. 弊社
　　c. 関係者

本日　today　今天　hôm nay　　　　　　　　貴重　valuable　宝貴　quý giá
引き続き　continuously　継続　tiếp tục

3. ケリーさんがCCに入れる社員は、営業部の鈴木課長と情報システム部の山本部長です。二人の名前は③、④にどのように書きますか。

③ （　　　　　　　　　　　　　　）

④ （　　　　　　　　　　　　　　）

考えよう　　～貴重なお時間をいただき、ありがとうございました～

「貴重なお時間をいただき、ありがとうございました」は、相手が自分（たち）のために大切な時間を使ってくれたことに対してお礼の気持ちを表す表現です。この表現は取引先を訪問したときや、打ち合わせのあとなどによく使われます。

練習3の「貴重なお時間」とは、具体的に「誰が」「何をしてくれた」時間のことですか。考えましょう。

ルール 3 　書き始め　挨拶から書き始める

Start writing: Begin with a greeting 　[开头] 从问候语开始写 　[Phần đầu] Bắt đầu từ lời chào hỏi

ウォーミングアップ

3EE営業部第一課のケリーさんは、SSJの平田さんと電話をしたあと、次のメールを送ります。

サンプルＡご送付予定のご連絡

SSJ　平田様

① こんにちは。お疲れ様です。
3EEのケリーと申します。

② 先ほどはお電話をいただき
ありがとうございました。

ご質問をいただいたサンプルＡは
14日（木）までにお送りいたします。

サンプルを１週間もお待たせしてしまい
大変申し訳ございません。

引き続き、どうぞよろしくお願いいたします。

スタン・ケリー
株式会社3EE

---

1. ①の挨拶にはよくない点があります。どのように直しますか。

2. ケリーさんは②でまず何を伝えましたか。

25

相手との関係に合った書き始めの挨拶をする

Use a greeting at the start that suits your relationship with the addressee
使用符合自己与对方关系的开头问候语
Sử dụng lời chào hỏi ở phần đầu sao cho phù hợp mối quan hệ với đối phương

　コミュニケーションの基本は挨拶です。仕事のメールでも、相手との関係に合った簡単な挨拶から書き始めます。仕事のメールでは「こんにちは」「こんばんは」などの挨拶は基本的に使わないようにしましょう。

〈書き始めの挨拶の例〉

一般的な挨拶	＜社内＞ お疲れ様です。* （営業部第一課の）ケリーです。
	＜社外＞ （いつも／大変）お世話になっております。 3EE（営業部）のケリーです／でございます。
初めてメールを送るときの挨拶	初めてメールをお送りいたします／初めてご連絡いたします。 株式会社3EE営業部のスタン・ケリーと申します。

＊会社によっては、社内メールで「お疲れ様です。」を書かないこともある。

〜でございます　be 〜 (formal expression)　是〜（正式的表达）
　　　　　　　　　　là 〜 (mẫu diễn đạt trang trọng)

「書き始めの挨拶」＋「お礼／お詫びの一言」を心がける

Write "greeting" and "thanks/apology"　要留心"开头问候语"+"感谢/道歉的一句话"
Ghi nhớ "lời chào hỏi ở phần đầu" + "một câu cảm ơn/xin lỗi"

　相手が何かをしてくれた、相手に迷惑をかけてしまったなどの場合、書き始めの挨拶のあとにお礼やお詫びの一言を書くと、より丁寧なメールになります。お詫びの「すみません」はやや丁寧さが足りないため、基本的に使わないようにしましょう。

〈お礼／お詫びの一言の例〉

1.　お礼

早速　お忙しいところ*　こちらこそ　先日は　この度は	Vて　おVます　（お／ご）N（を）	いただき	（誠に）　ありがとうございます。
例）　・早速メールを転送していただき、ありがとうございます。　・この度は資料をお送りいただき、ありがとうございます。　・お忙しいところ、ご返信いただきありがとうございます。　・先日はありがとうございました。			

＊お忙しいところ：お詫びやお礼を言うときに使う表現

やや	slightly	稍微	hơi
早速	promptly	迅速	nhanh chóng
誠に	sincerely	真诚的、实在	thực sự, chân thành

丁寧さ	politeness	礼貌程度	tính lịch sự
お忙しいところ	when you are busy	百忙之中	lúc bận rộn

ルール **3**

書き始め　挨拶から書き始める

2. お詫び*1

度々*2	Vます*3	（誠に／大変）
お休みのところ	Vて しまい （お／ご）N （で）	申し訳ございません。 失礼いたします。

例)
- ・ご報告が遅くなり、大変申し訳ございません。
- ・お名前を間違えてしまい、大変申し訳ございませんでした。
- ・確認不足で失礼いたしました。
- ・度々（のご連絡）失礼いたします。

*1 お詫びの場合は、書き始めの挨拶を書かないこともある。
*2 度々：主に相手に続けてメールを送ることをお詫びするときに使う。
*3 Vます、～：「Vて（理由）、～」のフォーマルな表現

> ウォーミングアップに戻って、
> ルールの確認をしてみましょう！

練習1 （　　　　　　　）に入る正しい言葉をa～dの中から1つ選びましょう。➡3-①②

1. （　　　　　　　）メールをお送りします。株式会社3EE営業部のスタン・ケリーと申します。

   a. 初めの　　　　　　b. 初めまして　　　c. 初めましての　　　d. 初めて

2. ＜相手のお礼に対して＞

   （　　　　　　　）、先ほどのミーティングではありがとうございました。

   a. これこそ　　　　　b. こちらこそ　　　c. こちらも　　　　d. これも

3. （　　　　　　　）申し訳ございません。

   a. 何度　　　　　　　b. たくさん　　　　c. 度々　　　　　　d. 今度

4. （　　　　　　　）データをお送りいただき、ありがとうございます。

   a. 早速　　　　　　　b. 今すぐ　　　　　c. 早く　　　　　　d. 早速の

5. お忙しい（　　　　　　　）、ご連絡をいただきありがとうございます。

   a. のところで　　　b. ところ　　　　　c. のところ　　　　d. ところが

ミーティング　meeting　会议　cuộc họp　　　　　データ　data　数据　dữ liệu

練習2 次の場合、どのようにメールを書き始めますか。（　　　　　　）に合う言葉を入れましょう。→3-①②

1. 社内のほかの部の人に資料Aを送ってもらったので、お礼を言う。
   → 【挨拶】（①　　　　　　　　　　　　）。営業部第一課のケリーです。
   　【お礼】早速資料Aを（②　　　　　　　　　　）、ありがとうございます。

2. メールの返信が遅くなってしまったので、取引先にお詫びをする。
   → 【挨拶】（①　　　　　　　　　　　　）。3EEのケリーです。
   　【お詫び】ご返信が（②　　　　　　　　）、大変申し訳ございません。

3. 初めてのお客様から商品Aについて問い合わせがあったので、お礼を言う。
   → 【挨拶】株式会社3EE営業部のスタン・ケリー（①　　　　　　　　）。
   　【お礼】この度は商品Aについて（②　　　　　　　　　　）、
   　　　　　誠にありがとうございます。

4. 上司に間違ったデータを送ってしまったことに気がついて、すぐにお詫びをする。
   → 【お詫び】（①　　　　　　　）失礼いたします。ケリーです。
   　　　　　先ほどは間違ったデータをお送りしてしまいました。
   　　　　　（②　　　　　　　　　　　　）で大変申し訳ございません。

上司　superior, boss　上司、领导　cấp trên

練習3 SSJの平田さんは、p.25のメールに返信をします。➡3-①②

Re: サンプルAご送付予定のご連絡

3EE　ケリー様

（①　　　　　　　　　　　　　）。SSJの平田です。
（②　　　　　　　　　　　　　　　）。

サンプルAは14日（木）までにお送りくださるとのこと*、
承知いたしました。

引き続き、どうぞよろしくお願いいたします。

株式会社SSJ
総務部　平田　直人

---

*〜とのこと：ほかの人から聞いたことを伝えるときに使う表現
　　　　　　［接続］　Ｖ／Ａ／Ｎ　[普]＋とのこと

1. ①にどのような挨拶を書きますか。

2. p.25のメールの②に対して②にどのような文を書きますか。

確認しよう　〜承知いたしました〜

「承知いたしました」は「分かりました」のフォーマルな表現で、「〜につきまして」
「〜とのこと」などと一緒によく使われます。
　　例）・新しいプロジェクトのスケジュールにつきまして、承知いたしました。
　　　　・回答期限は2/1（金）までとのこと、承知いたしました。
「了解いたしました」も「分かりました」という意味ですが、一般的に目上の人や
社外の人に使うのは失礼だと考えられています。仕事のメールでは、「承知いたしま
した」を使うようにしましょう。

....

〜とのこと　said that 〜　据说〜　việc 〜, chuyện 〜

期限　deadline　期限　thời hạn

〜につきまして　regarding 〜 (formal expression)　关于〜（正式的表达）
　　　　　　　　về 〜 (mẫu diễn đạt trang trọng)

目上　superior　长辈、上司　vai trên

まとめの練習1 （ルール1～3）

3EE営業部第一課のケリーさんは、SSJ総務部の大谷部長と平田さんの二人と打ち合わせをしました。打ち合わせのあと、ケリーさんは上司の鈴木課長をCCに入れて、SSJの二人にお礼のメールを送ります。次のメールのよくないところを正しく直しましょう。新しく文が必要な場合は、加えてください。

ありがとうございました

大谷部長様、平田様、
cc: 3EE営業部第一課　鈴木課長

こんにちは、3EEのケリーです。今日の打ち合わせでは、うちの会社の商品Aについて貴重な意見をいただいて、誠にありがとうございました！

●ポイント

・件名でメールの内容が分かりますか。
・宛名や書き始めの挨拶は正しいですか。
・フォーマルな表現で書いていますか。
・1行の文字数や、文の書き始めの位置などは正しいですか。

加える　add　添加　thêm

主文 相手への伝わりやすさを意識する

Main text: Pay attention to clarity　［正文］意识到向对方传达的难易程度
[Phần chính] Chú ý viết cho đối phương dễ hiểu

ウォーミングアップ

営業部第一課のケリーさんは、上司の鈴木課長に次のメールを送ります。

7/26（金）業務報告（ケリー）

鈴木課長

お疲れ様です。ケリーです。

（①　　　　　　　　　　　）。

② 　本日は10時から12時までイベントAの打ち合わせをして、
13時から15時までミーティングBの資料を作成しました。
また、15時半から16時半までお客様情報の入力を行いました。
これで全てのお客様情報の入力が完了しました。

どうぞよろしくお願いいたします。

ケリー

---

1. ①にはメールの用件を表す1文が入ります。どのような文を書きますか。

2. ②の文をどのような書き方にすると、情報がより分かりやすくなりますか。

業務　task　业务　nhiệm vụ, công việc
作成する　make, prepare　制作　tạo, soạn
全て　all　全部　tất cả

イベント　event　活动　sự kiện
入力　input　输入　sự nhập dữ liệu

33

相手に伝えるべきことから書く

Start with the necessary message for the addressee　应从需要传达给对方的事情开始写
Viết từ điều cần truyền đạt đến đối phương

　相手に最も伝えるべきこと（結論）から書くと、メールの用件が伝わりやすくなります。まずメールの用件や目的などを1文で表して、そのあとに具体的な説明をしましょう。

〈伝わりやすさの違いの例〉

△	昨日、システム内のデータを削除した際、一部のデータに問題が生じました。 ただ今、問題のデータを調べております。 このため、現在システムが使用できません。
○	現在、システムが使用できません。　　→ 結論 昨日、システム内のデータを削除した際、一部のデータに問題が生じたためです。　　→ 具体的な説明 ただ今、問題のデータを調べております。

結論　conclusion　结论　kết luận

削除する　delete　删除　xóa

目的　purpose　目的　mục đích

生じる　occur　发生　phát sinh

〈メールの用件や目的を表す1文の例〉

～について ～につきまして ～につき	V_{ます} V_{ます}たく＊	おV_{ます} （お／ご）N ┐ いたします。

例）

・出張報告書についてお聞きしたいことがあり、メールをお送りいたします。

・研修Aにつきまして1点ご相談したく、ご連絡いたします。

・打ち合わせAについて、ファイル2点を添付にてお送りいたします。

・パスワード変更の注意点につき、以下にお知らせいたします。

＊V_{ます}たく、～：「V_{ます}たくて、～」のフォーマルな表現

ルール
4

主文 相手への伝わりやすさを意識する

....

～につき　regarding ～ (formal expression)　关于～（正式的表达）　報告書　report　报告书　bản báo cáo
　　　　　về ～ (mẫu diễn đạt trang trọng)

～点　a counter suffix for articles　～点　～điểm　　　　　添付　attachment　附加　sự đính kèm

～にて　by～　以～　bằng (phương thức)

伝える内容を整理して書く

Organize what you want to say before writing　整理并写出要传达的内容　Sắp xếp nội dung cần truyền đạt rồi viết

相手に複数の内容を伝えるときは、箇条書きにするなどの工夫をしましょう。

〈箇条書きの例〉

△	○
添付ファイル『サンプルA.pdf』『サンプルB.pdf』の2点をお送りいたします。	添付ファイル2点をお送りいたします。 ・サンプルA.pdf ・サンプルB.pdf
研修Aについてですが、参加者は35名で、場所は第1会議室、時間は午前10時から12時までです。	研修Aについて、ご連絡いたします。 ====================== ・参加者：35名 ・場所　：第1会議室 ・時間　：午前10時〜12時 ======================
メールアドレス：s.kelly@3ee.co.jpがstan.kelly@3ee.co.jpに変更になります。	メールアドレスが以下のように変更になります。 【旧】s.kelly@3ee.co.jp 【新】stan.kelly@3ee.co.jp

ウォーミングアップに戻って、
ルールの確認をしてみましょう！

簡条書き　itemization　要点列项　đề mục　　　　　工夫　creative process　功夫　sự bỏ công
旧　old　旧　cũ

練習1 _____に合う言葉を入れましょう。→4-①

例）打ち上げの場所をメンバーに知らせる。

→ 打ち上げの場所についてお知らせいたします。

1. プロジェクトＡの進捗状況について上司に報告する。

→ プロジェクトＡの進捗状況_____。

2. 相手から依頼された２点のことが分かったと伝える。

→ ご依頼の２点_____。

3. 商品Ｘについて聞きたいことがあって連絡すると伝える。

→ 商品Ｘ_____、ご連絡いたします。

4. 商品Ｙの見積書を送ってもらいたくて連絡すると伝える。

→ 商品Ｙの見積書のご送付を_____、
ご連絡いたします。

ルール **4**

主文 相手への伝わりやすさを意識する

打ち上げ after-party 庆功宴 tiệc mừng hoàn thành dự án   メンバー member 成员 thành viên

進捗 progress 进展 tiến độ   状況 status 情况 tình hình

見積書 estimate 报价表 bản dự toán, báo giá

練習2	次の文を箇条書きにしましょう。 ➡4-②

例）2月3日（水）は、ご印鑑、身分証明書、筆記用具をお持ちください。

　　　＜2月3日（水）にお持ちいただくもの＞
　　　1.　ご印鑑
　　　2.　身分証明書
　　　3.　筆記用具

1.　本日の業務は、お客様情報の入力と15時からの企画会議、そして資料Aの作成を予定しています。

　　　＜本日の業務予定＞

2.　打ち合わせの日程ですが、5月13日（月）10:00〜11:00と、5月15日（水）11:00〜12:00、5月17日（金）13:00〜14:00はいかがでしょうか。

　　　＜打ち合わせ日程＞

印鑑　seal　印章　con dấu　　　　　　身分証明書　personal identification　身份证　giấy tờ tùy thân

筆記用具　writing materials　笔记用品　dụng cụ ghi chép　　　企画　plan　规划　kế hoạch

日程　schedule　日程　lịch trình trong ngày

練習**3** 営業部第一課のケリーさんは、課内の全員に次のメールを送ります。➡4-①②

6/14（金）課内会議時間等変更のご連絡

営業部第一課の皆様

お疲れ様です。ケリーです。

（①　　　　　　　　　　　　　　　　　　　）。

②
6/14(金)の課内会議の開始時間は、
予定より15分遅らせて
16時15分から行います。
また、場所は会議室Aが使えないため、
会議室Cにおいて行うことになりました。

以上ご確認のほど、どうぞよろしくお願いいたします。

ケリー

1. ①にメールの用件を表す1文を書きましょう。

2. ②をより分かりやすい書き方に直しましょう。

考えよう　　～ご確認のほど、どうぞよろしくお願いいたします～

　「お／ごNのほど、どうぞよろしくお願いいたします」は、主にメールの書き終わりの挨拶で使われる依頼の表現です。相手にしてもらうことに「～のほど」を付け、相手の行動を直接言わないことで、丁寧さを表しています。
　練習3の「ご確認のほど」とは、具体的に「何が」「どうなった」ことの確認をお願いしていますか。考えましょう。

遅らせる　delay　推迟　trì hoãn　　　　　以上　above-mentioned　以上　bên trên
行動　action　行动　hành động

39

主文 相手の誤解や疑問を生まないように書く

Main text: Write in a way that creates no misunderstanding or doubt

[正文] 以不要让对方产生误会或疑问的方式来写

[Phần chính] Viết để không gây thắc mắc cho đối phương

ウォーミングアップ

営業部第一課のケリーさんは、課内の全員に次のメールを送ります。

忘年会のお知らせ

営業部第一課の皆様

お疲れ様です。ケリーです。

忘年会についてご連絡いたします。

① 今年も残り1ヶ月になりましたが、
毎年恒例の忘年会を
以下のとおり行いますので、
皆様お忙しいと思いますが、
是非ご参加ください。

② ご参加が可能かどうかにつきましては
できるだけ早く私までご返信ください。

====================
日時：　12月10日（金）18時〜
場所：　居酒屋Y

1.　①は直したほうがいい文です。この文のよくない点は何ですか。

2.　②の文には曖昧な表現があります。それは何ですか。

....

忘年会　year-end party　年终联欢会　tiệc tất niên

可能　possible　可以　có thể

曖昧　ambiguous　暧昧　mơ hồ

恒例　customary　惯例　thông lệ

居酒屋　Izakaya　居酒屋　quán rượu

簡潔に文を書く

Write sentences concisely　简洁地写文章　Viết câu văn ngắn gọn

　相手に正確に情報を伝えるために、仕事のメールの文は簡潔に書きます。1文の文字数はなるべく50字以内にしましょう。

〈簡潔な文の例〉

△	テレワークに関する社内アンケートを行いますので、以下のURLを開いて入力していただき、3月5日（火）17：00までにご回答ください。＜66字＞
○	テレワークに関する社内アンケートを行います。＜22字＞ つきましては*、以下のURLを開いて入力していただき、3月5日（火）17：00までにご回答ください。＜49字＞

＊つきましては：文の最初に付けて、前の文の結論をいうときに使う表現

....

テレワーク　Telework　远程办公　làm việc từ xa　　　　URL　URL　网址　đường dẫn

つきましては　therefore　因此　vì vậy

42

曖昧な表現や情報の過不足に気をつける

Beware of vague expressions and giving superfluous or insufficient information 　注意曖昧的表达和信息的过多过少
Lưu ý những mẫu diễn đạt mơ hồ và việc thừa hoặc thiếu thông tin

　仕事のメールでは、情報はできるだけ具体的に表します。また、相手に誤解されないように、情報が少ない・多いなどの点にも気をつけます。相手からのメールに返信する場合は、メールの内容をよく確認して、全てに答えるようにしましょう。

〈曖昧な表現を具体的にする例〉

	曖昧な表現	例
日時・期間	数日、しばらく、月末など	数日後にお答えいたします。 →明後日（3日）まで
可能な範囲	なるべく、できるだけなど	なるべく早くご返信します。 →4日（金）までに
数量・程度	少々、かなりなど	かなり多くの回答がありました。 →約300件

範囲　range　范围　phạm vi
程度　degree　程度　mức độ

数量　quantity　数量　số lượng
〜件　a counter suffix for affairs　〜封　〜lượt

〈情報が少ない・多い例〉

 ＜受信したメール＞

> 7月6日（木）15時から会議室Aにて社内勉強会を行います。
> ご参加が可能かどうか、5日（水）17時までにご連絡ください。

 ＜返信メール＞

△ （少ない）	ご連絡をありがとうございます。 社内勉強会について、承知いたしました。
○	ご連絡をありがとうございます。 社内勉強会に参加いたします。 日時、場所についても承知いたしました。 どうぞよろしくお願いいたします。
△ （多い）	ご連絡をありがとうございます。 7月6日（木）は朝から外出予定ですが、 15時前には戻りますので、 社内勉強会に参加いたします。 また、先日ご連絡した企画Yについてですが、 追加の資料を添付にてお送りいたします。

参加するか
しないかが
分からない。

勉強会と
直接関係が
ない情報は
書かない。

> ウォーミングアップに戻って、
> ルールの確認をしてみましょう！

〜にて　at〜　在〜　ở〜, tại〜

追加　addition　补充　sự bổ sung

外出　going out　外出　sự ra ngoài

直接　direct　直接　trực tiếp

練習1 次の文を短い文に分けて書きましょう。文をいくつに分けるかは自由です。

➡5-①

例) 南口改札を出て、5分ほどまっすぐ進んで右に花屋が見えましたら、その角を右に曲がって、10メートルほど進むと弊社のビルがございます。(65字)

→ 南口改札を出て5分ほどまっすぐ進みます。(20字)

右に花屋が見えましたら、その角を右に曲がってください。(27字)

10メートルほど進むと弊社のビルがございます。(23字)

1. 企画Aにつき、添付ワードファイル『企画A関連資料』をお送りしますので、変更が必要な点などがありましたら、ファイルにコメントをお願いします。(69字)

→

2. 本日、商品Aのカタログを木村様に郵送いたしましたので、2、3日お待たせしてしまいますが、お手元に届きましたら、ご確認をよろしくお願いいたします。(72字)

→

3. プロジェクトAの打ち合わせにつき、スケジュール調整をお願いしたくご連絡いたしましたが、以下の日程で、山本部長とグエン様のご都合はいかがでしょうか。(73字)

→

ルール 5

主文 相手の誤解や疑問を生まないように書く

関連 related 相关 liên quan

カタログ catalog 目录 ca-ta-lô

(お)手元 at hand/nearby 手头 đến tay

コメント comment 评论 bình luận

郵送する send by post 邮寄 gửi qua bưu điện

調整 adjustment 调整 sự điều chỉnh

練習2 ＿＿＿＿＿の表現を具体的に書きましょう。➡5-②

例）できるだけすぐに、ご返信します。
　　→　8月20日（火）までにご返信します。

1. 数日前に請求書をお送りしました。
　　→

2. 研修内容について、なるべく早くご連絡します。
　　→

3. 商品Aの在庫は少々残っています。
　　→

4. 回答につきましては、しばらくお待ちください。
　　→

....

請求書　invoice　付款通知单　hóa đơn　　　　　　　　在庫　inventory　库存　hàng trong kho

練習3 営業部第一課のケリーさんは、課内の全員に次のメールを送ります。➡5-①②

～～～～～～～～～～～～～～～～～～～

新入社員歓迎会のお知らせ

営業部第一課各位

お疲れ様です。ケリーです。
新入社員歓迎会についてお知らせします。

① 昨年は営業部第一課に2名の新入社員が配属され、オンラインでの顔合わせしかできませんでしたが、本年は3名の新入社員が営業部第一課に配属されましたので、以下のとおり歓迎会を行います。

ぜひご参加くださいますようお願いいたします。

ご参加が可能かどうかにつきましては、
② <u>なるべく早く</u>このメールにご返信ください。
よろしくお願いいたします。

＝＝＝＝＝＝＝＝＝＝＝＝＝＝＝＝＝＝
日時：5月7日（火）18：00～20：00

～～～～～～～～～～～～～～～～～～～

ルール **5**

主文 相手の誤解や疑問を生まないように書く

1. ①の文は、1文の文字数が多いです。情報を整理して、2文に分けて書きましょう。
   必要がない情報は省いて、必要な言葉は加えてください。

2. ②は直したほうがいい表現です。正しく直しましょう。

....

歓迎会 welcome party 欢迎会 tiệc chào mừng

オンライン online 在线 trực tuyến

本年 this year 今年 năm nay

昨年 last year 去年 năm ngoái

顔合わせ initial introduction 会面 buổi gặp gỡ

「～くださいますようお願いいたします」は、相手に敬意を表した依頼の表現です。「恐れ入りますが」「大変恐縮ですが」などの配慮の言葉（ルール6）と一緒に使ったり、「いたします」を「申し上げます」にしたりすると、より丁寧な依頼になります。

例)

・お忙しいところ恐れ入りますが、至急ご確認くださいますようお願いいたします。

・大変恐縮ですが、8月1日（木）までにご返信くださいますようお願い申し上げます。

敬意 respect 敬意 sự kính trọng 　　配慮 consideration 关怀 sự quan tâm
至急 urgently 尽快 khẩn cấp

まとめの練習2 （ルール4・5）||||||||||||||||||||||||||||||||||||||

　ケリーさんは、上司の鈴木課長に現在担当している業務の進捗状況を報告します。次のメールのよくないところを正しく直しましょう。新しく文が必要な場合は、加えてください。

進捗状況のご報告（ケリー）

鈴木課長

お疲れ様です。ケリーです。

現在担当している業務の進捗状況についてですが、お客様リストの作成は、入力システムにトラブルがありましたが、現在は問題なく使うことができています。このトラブルで作業がやや遅れましたが、予定通り来週水曜日にご提出いたします。また、「プレゼンテーションA」の資料は、できるだけ早く完成させる予定です。

●ポイント

・まずメールの用件を1文で表していますか。
・相手に伝えることを整理して書いていますか。
・書く必要がない情報はありますか。
・情報を具体的に表していますか。

リスト　list　列表　danh sách

トラブル　trouble　故障　vấn đề, sự cố

プレゼンテーション　presentation　演示　bài thuyết trình

ルール
5

主文　相手の誤解や疑問を生まないように書く

進捗状況のご報告（ケリー）

鈴木課長

お疲れ様です。ケリーです。

主文 相手の状況や気持ちを考える

Main text: Consider the feelings and situation of the addressee　[正文] 考虑对方的处境和感受
[Phần chính] Nghĩ đến hoàn cảnh và tâm trạng của đối phương

ウォーミングアップ

営業部第一課のケリーさんは、同じ課の先輩の中村さんに次のメールを送りました。

X研修報告書ご確認のお願い

X研修報告書（ケリー）.docx ▼

中村さん

お疲れ様です。ケリーです。

X研修の報告書を作成いたしました。
内容のチェックをお願いいたします。

『X研修報告書（ケリー）』を
添付ワードファイルにてお送りいたします。

（①　　　　）明日25日（木）の正午までに
②確認してください。

どうぞよろしくお願いいたします。

ケリー

---

1. あなたが中村さんなら、このメールを読んでどのように思いますか。

2. ①にどのような表現を加えるとよいですか。

3. ②をより丁寧な表現に直しましょう。

正午　noon　正午　chính ngọ

51

　相手に対する配慮の気持ちを表す

Express empathy　表示对对方的关怀　Thể hiện sự quan tâm đến đối phương

　仕事のメールでは、丁寧な表現を使って相手への配慮の気持ちを表します。依頼や許可を求める場合は「否定の疑問文」を使うと、相手がそれをするかどうかを決めることができ、より丁寧になります。「Vてください」はやや一方的だと思われる場合があるため、目上の人や社外の人に使うときには注意しましょう。

〈否定の疑問文の例〉

1.　依頼する

Vて おVます （お／ご）N ⎤　いただけないでしょうか。*
例） ・お手数ですが、メールを再送していただけないでしょうか。 ・恐れ入りますが、8日（水）までにご返信いただけないでしょうか。

* 「Vて もらえませんか」の丁寧な表現

2.　許可を求める

Vない （お／ご）N ⎤　（さ）せていただけないでしょうか。
例） ・よろしければ、明日ご挨拶に伺わせていただけないでしょうか。 ・申し訳ありませんが、時間は明日ご連絡させていただけないでしょうか。

....

許可　permission　许可　sự cho phép　　　　求める　ask for　请求　xin

疑問文　interrogative sentence　疑问句　câu nghi vấn　　　一方的　unilateral　单方面　một chiều, đơn phương

再送する　resend　重发　gửi lại

〈主な配慮の表現〉

① **お手数ですが／恐れ入りますが／恐縮ですが**
相手に手間や負担をかけてしまい申し訳ない気持ちを表す。
「大変」「お忙しいところ」などと一緒に使うことが多い。
例）

・大変お手数ですが、先ほどのファイルを添付のファイルに差し替えてください

　ますようお願いいたします。

・お忙しいところ恐れ入りますが、明日までにご返信いただけないでしょうか。

② **申し訳ございませんが**
相手に迷惑をかける、何かを断るなどで申し訳ない気持ちを表す。
「大変」「誠に」「こちらの都合で」「急なお願いで」などと一緒に使うことが多い。
例）

・大変申し訳ございませんが、出張のため勉強会に参加することができません。

・急なお願いで申し訳ありませんが、ご検討のほどよろしくお願いいたします。

③ **差し支えなければ／よろしければ**
「相手の都合が悪くなければ」という控えめな気持ちを表す。
例）

・差し支えなければ、ご担当の方のお名前を伺ってもよろしいでしょうか。

・よろしければ、一度直接お話させていただけないでしょうか。

差し替える　replace　替换　thay thế
控えめ　modest　低调　nhã nhặn

検討　consideration　考虑　sự xem xét

相手の視点に立って書く

Put yourself in their shoes　站在对方的角度来写　Viết trên góc nhìn của đối phương

　仕事のメールは、「もし自分が相手だったら」という気持ちで書くことが大切です。相手に依頼をする場合は、理由を説明して無理なお願いにならないように気をつけます。何か問題が起きた場合は、自分のミスの言い訳をしたり、相手のミスだと決めつけたりしないようにしましょう。

〈例1　依頼をする〉

×	来週3日（水）の打ち合わせの日程を変更してください。
○	来週3日（水）に出張の予定が入ってしまいました。大変申し訳ありませんが、打ち合わせの日程を変更していただけないでしょうか。

> 依頼の理由を説明する。

〈例2　お詫びをする〉

×	今週は忙しかったため、返信が遅くなってしまいました。大変申し訳ありません。
○	私の確認不足で返信が遅くなってしまいました。大変申し訳ございません。今後はこのようなミスをしないよう（に）*、十分に気をつけます。

> ミスの理由を説明して、言い訳はしない。

> ミスを繰り返さない気持ちを相手に伝える。

*～よう（に）：「今後努力して～をする／しない」という意味で、「注意する」「気をつける」などと一緒に使うことが多い。

　　　　　　［接続］　Vない／V辞 ＋ように

....

言い訳　excuse　借口　lời biện minh　　　　　　決めつける　assume　断定　quy kết, áp đặt

努力する　make an effort　努力　nỗ lực

54

〈例3　相手のミスを指摘する〉

×	先ほどのメールにファイルが添付されていません。メールを再送してください。
○	先ほどのメールにファイルが<u>添付されていないようです*</u>。 お手数をおかけしますが、メールを再送していただけないでしょうか。

相手のミスだと決めつけない。

＊～ようです：相手のミスや状態などをはっきりと言わないことで、丁寧に指摘する表現
　　　　　［接続］　V／A／N　[普]＋ようです　（※Nだ→の　ナAだ→な）

ウォーミングアップに戻って、ルールの確認をしてみましょう！

指摘する　point out　指出　chi ra

練習1 （　　　　　　　）に入る言葉をa～dの中から<u>全て</u>選びましょう。→6-①

1. （　　　　　　　　　　　）、ご住所を伺ってもよろしいでしょうか。

   a. 差し支えれば

   b. 差し支えなければ

   c. よろしければ

   d. よろしくなければ

2. 大変（　　　　　　　　）ですが、私宛てに貴社＊商品Aのカタログを2部お送り

   いただけないでしょうか。

   a. 恐れ入ります　　　b. お手数　　　　c. 都合　　　　　d. 恐縮

3. 急なお願い（　　　　　　　）申し訳ございませんが、時間を変更していただけ

   ないでしょうか。

   a. を　　　　　　　b. は　　　　　　c. で　　　　　　d. に

4. 誠に申し訳ありませんが、出張のため、セミナーを （　　　　　　　）いただ

   けないでしょうか。

   a. 休ませて　　　b. 休まさせて　　　c. 休んで　　　d. お休み

＊貴社：「あなたの会社」のこと。書くときに使う表現。

....

～宛て to～ 致～ gửi đến～　　　　　　　　　　貴社 your company 貴公司 công ty của bạn

～部 a counter suffix for copies ～份 ～bộ　　　セミナー seminar 研讨会 hội thảo

（　　　　　　　）には配慮の表現、＿＿＿＿＿＿には「〜いただけないでしょうか」

「〜（さ）せていただけないでしょうか」のどちらかを入れましょう。➡6-①

例）議事録の内容を確認してもらいたい。

　　→（　お忙しいところ大変お手数ですが　）、議事録の内容をご確認いただけ

　　　ないでしょうか。

1.　ファイルAを開くパスワードが分からないので、パスワードを送ってもらいたい。

　　→（①　　　　　　　　　　　　　　　　　　）、ファイルAのパスワードを

　　　②＿＿＿＿＿＿＿＿＿＿＿＿＿＿＿＿＿＿＿＿＿＿＿＿＿＿＿＿＿＿＿＿。

2.　回答期限が過ぎているため、至急対応してもらいたい。

　　→（①　　　　　　　　　　　　　　　　　　）、回答期限が過ぎているため、

　　　至急②＿＿＿＿＿＿＿＿＿＿＿＿＿＿＿＿＿＿＿＿＿＿＿＿＿＿＿＿＿＿。

3.　10時からの打ち合わせの時間を、10時15分からに変更してもらえるかどうかを

　　聞きたい。

　　→（①　　　　　　　　　　　　　　　　　　）、10時からの打ち合わせを10時15分からに

　　　②＿＿＿＿＿＿＿＿＿＿＿＿＿＿＿＿＿＿＿＿＿＿＿＿＿＿＿＿＿＿＿＿。

4.　担当の人の名前を教えてもらいたい。

　　→（①　　　　　　　　　　　　　　　　　　）、ご担当の方のお名前を

　　　②＿＿＿＿＿＿＿＿＿＿＿＿＿＿＿＿＿＿＿＿＿＿＿＿＿＿＿＿＿＿＿＿。

ルール 6

主文　相手の状況や気持ちを考える

....

議事録　meeting minutes　会议记录　biên bản cuộc họp　　対応する　respond to　处理　thực hiện

営業部第一課のケリーさんは、情報システム部の山本部長とグエンさんに次の
メールを送ります。➡6-①②

7/19（金）商品X会議時間変更のお願い

情報システム部
山本部長、グエン様

お疲れ様です。営業部第一課のケリーです。

商品Xの会議につき、開始時間の変更をお願いしたく、
ご連絡いたします。

19日（金）は鈴木課長が急用のため、
14時から行うことが難しそうです。
（①　　　　　　　　　　　　　　　　　　）、
開始時間を14時から15時に
変更（②　　　　　　　　　　　　　　　　）。

また、添付PDFファイルにて
『商品X関連資料』をお送りいたします。
お手数ですが、ご確認ください。

どうぞよろしくお願いいたします。

営業部第一課
スタン・ケリー

1.　①に相手に対する配慮の表現、②に依頼の表現を入れましょう。

急用　urgent business　急务　việc gấp

2. ケリーさんがp.58のメールを送ると、情報システム部のグエンさんから次の返信が届きました。①に「添付資料がなかった」、②に「再送してほしい」という内容の表現を入れましょう。

Re: 7/19（金）商品X会議時間変更のお願い

営業部第一課　ケリー様
（cc：山本部長）

お疲れ様です。情報システム部のグエンです。
商品Xの会議時間の変更について
ご連絡をいただき、ありがとうございます。

あいにく山本部長が15時から外出予定のため、
出席できないようです。
今回は代わりに山田さんが出席いたします。

また、先ほどお送りいただいたメールに
資料が添付（①　　　　　　　　　　　　　　）です。
お手数ですが、再送（②　　　　　　　　　　　　　　　）か。

引き続き、どうぞよろしくお願いします。

情報システム部
グエン・シン・タン

ルール 6
主文　相手の状況や気持ちを考える

確認しよう　〜あいにく〜

「あいにく」はタイミングが悪く残念だという気持ちを表す表現で、仕事では相手に丁寧に断るときによく使われます。

例）
・あいにく出張のため、今回の研修は出席することができません。
・あいにく都合がつかないため、打ち上げへの参加ができません。

あいにく　unfortunately　不湊巧　không may là　　　代わりに　instead of　代替　thay thế

主文 仕事のメール向きの表現で書く

Main text: Use business email-appropriate expressions ［正文］以符合商务电子邮件的表达方式来写
[Phần chính] Viết bằng những mẫu diễn đạt phù hợp với email kinh doanh

ウォーミングアップ

営業部第一課のケリーさんは、上司の鈴木課長に次のメールを送ります。

研修Ａ山田先生のお昼についてのご相談

鈴木課長

お疲れ様です。ケリーです。

9/15の研修Ａのスケジュールを作成いたしましたので、
添付にて資料をお送りいたします。
①受け取ってください。

また、１点ご相談があります。
当日のお昼は、山田先生にお弁当を
ご用意したほうが②いいですか。
昨年の研修ではお弁当を用意していたようですが、
本年はどのようにしたらよいか、悩んで③います。

お忙しいところ恐れ入りますが、
どうぞよろしくお願いいたします。

ケリー

---

①～③はやや日常会話向きの表現です。仕事のメール向きの表現に直しましょう。

①受け取ってください　→

②いいですか　→

③います　→

当日　on the day　当天　hôm ấy　　　　　　　　悩む　wonder　烦恼、担心　băn khoăn
日常会話　daily conversation　日常会话　đàm thoại hàng ngày　　～向き　suitable for ～　适用于～　dành cho ~, phù hợp với ~

日常会話と仕事のメールとの表現の違いを理解する

Understand the difference between daily conversation and business emails
了解日常会话与商务电子邮件之间的表达差异
Hiểu rõ sự khác biệt giữa mẫu diễn đạt trong đàm thoại hàng ngày và trong email kinh doanh

　仕事のメールでは、日常会話とは違うフォーマルな表現を使う場合があります。会話の表現をそのまま仕事のメールに書かないように気をつけましょう。

〈日常会話と仕事のメールの表現の違いの例〉

日常会話	仕事のメール	例
V て	V ます V ますまして	・社内で検討【して→し／しまして】、またご連絡します。 ・ご返信を【いただいて→いただき／いただきまして】、ありがとうございます。
V ないなくて	V ないず	パスワードが【分からなくて→分からず】、ファイルが開けません。
イA いくて	イA いく	ミスが【多くて→多く】、大変申し訳ありません。
V たら（条件）	V ますましたら	ご不明な点などが【あったら→ありましたら／ございましたら】、ご遠慮なく *1 お聞きください。
イA いかったら	イA いければ	ご都合が【よかったら→よければ／よろしければ *2】、是非ご参加ください。

....

条件 conditions 条件 điều kiện

不明 unclear 不明白 chưa hiểu rõ

（ご）遠慮なく don't hesitate to （请）不要客气 đừng ngại

日常会話	仕事のメール	例
ナA<del>な</del>／Nだったら	ナA<del>な</del>／Nでしたら	5日（木）の13時【だったら→でしたら】お伺いできます。
V<del>ない</del>なかったら	V<del>ない</del>なければ	ファイルが【開かなかったら→開かなければ】お手数ですが、ご連絡ください。
〜ですか	〜でしょうか	場所は第一会議室で【いいですか→よろしいでしょうか】。
V て います	V て おります	・現在資料を作成【しています→しております】。 ・鈴木が本日【休んでいて→休んでおり／おりまして】すぐにお返事することができかねます。

*1 （ご）遠慮なく：相手への配慮を表す表現

*2 「いい」のフォーマルな表現「よろしい」を使った形

仕事のメール向きの言葉を使う

Use language that is appropriate for a business email　使用适合商务电子邮件的语言
Sử dụng từ ngữ phù hợp với email kinh doanh

　仕事のメールでは、日常会話ではあまり聞かない言葉が使われることがあります。これらの言葉は、主に仕事の場面でよくすることや状態を表しています。

〈仕事のメール向きの言葉の例〉

1. 相手がすること・相手の状態

	意味	例
ご教示	教えること、アドバイスをすること	システムの使い方につきまして、ご教示いただけないでしょうか。
ご査収	（資料などの内容を）よく確認して受け取ること	議事録をお送りいたしますので、ご査収ください。
お力添え	助けること、手伝うこと	この度はお力添えをいただき、誠にありがとうございました。
ご快諾	引き受けること、受け入れること	無理なお願いをご快諾いただき、ありがとうございました。
お手すき	時間があること、手が空いている状態のこと	お手すきの際に、ご覧いただけないでしょうか。

アドバイス　advice　建议　lời khuyên　　　　　　受け入れる　accept　接受　tiếp nhận
手が空く　be available　双手空闲　có thời gian, rảnh rỗi

64

2. 自分がすること・自分の状態

	意味	例
拝受 (はいじゅ)	(相手からの資料などを) 受け取ること	本日、資料を確かに拝受いたしました。
拝読 (はいどく)	(相手のメールなどを) 読むこと	昨日のメールを拝読いたしました。
拝見 (はいけん)	(相手の資料などを) 見ること	内容を拝見し、明日ご連絡します。
失念 (しつねん)	うっかり忘れること	メールの返信を失念しておりました。
不手際 (ふてぎわ)	物事のやり方や結果などが悪いこと	私の不手際でご迷惑をおかけしてしまい、大変申し訳ございません。

ウォーミングアップに戻って、
ルールの確認をしてみましょう！

うっかり　inadvertently　不经意　lơ đãng

物事　matter　做事　sự việc

＿＿＿＿＿を仕事のメール向きの表現に直しましょう。→7-①

1. データを共有<u>していただいて</u>、ありがとうございました。
   →

2. 何かご質問などが<u>あったら</u>、恐れ入りますがご連絡ください。
   →

3. 見積書を今週中にお送りいただくことは<u>難しい</u>ですか。
   →

4. 18日（金）15時<u>だったら</u>、参加できます。
   →

5. 昨日はご連絡が<u>できなくて</u>、大変失礼いたしました。
   →

1. レポートを提出するのを忘れてしまったことをお詫びする。
   → 大変申し訳ございません。レポートの提出を　（　　　　　　）しておりました。

2. 企画Aに関する資料を送り、手が空いているときに見てもらいたいと伝える。
   → 企画Aに関する資料をお送りします。（　　　　　　）の際にご覧いただけないでしょうか。

3. 商品の発送に自分のミスがあったことをお詫びする。
   → 商品の発送に（　　　　　　）がありまして、大変申し訳ございません。

4. 日程の変更依頼を受け入れてもらったので、お礼を言う。
   → 急なお願いにもかかわらず、日程変更を（　　　　　　）いただき、ありがとうございました。

5. プロジェクトの進め方について教えてもらいたい。
   → お忙しいところ恐縮ですが、プロジェクトの進め方について（　　　　　　　）いただけないでしょうか。

```
a. お手すき　b. ご快諾　c. 不手際　d. 失念　e. ご教示
```

発送　sending　发送　sự gửi đi

ルール
7
主文　仕事のメール向きの表現で書く

ケリーさんは、p.61のメールを送ったあと、もう一度鈴木課長に次のメールを送ります。①〜③を仕事のメール向きの表現に直しましょう。➡7-①②

資料添付忘れのお詫び：研修A山田先生のお昼についてのご相談

研修Aスケジュール.docx ▼

鈴木課長

度々のご連絡、失礼いたします。ケリーです。

先ほどのメールに
資料を添付するのを①<u>忘れていました。</u>
確認が②<u>足りなくて、</u>申し訳ございません。

添付にて研修Aのスケジュールを
送らせていただきます。
何かご不明な点が③<u>あったら、</u>
お知らせください。

お手数をおかけしますが、
どうぞよろしくお願いいたします。

ケリー

---

① (　　　　　　　　　　　　　　　)

② (　　　　　　　　　　　　　　　)

③ (　　　　　　　　　　　　　　　)

添付忘れ　forgot to attach　忘记附上　sự quên đính kèm

　「V（さ）せていただく」は、相手に許可をしてもらって自分が何かをするときに使う表現です。この表現には、それができることをありがたいと思う気持ちが含まれています。

例）

・資料のコピーをとらせていただきます。

・今回は研修を欠席させていただけないでしょうか。

　しかし、相手の許可が必要ではない場合でも、相手に丁寧に伝えたいという気持ちで、この表現が使われていることがあります。

例）

・すぐに確認させていただきます。

・忘年会に参加させていただきます。

・貴社を担当させていただきます。

　ただ、「V（さ）せていただきます」を相手の許可が必要ではない場合に使うと、使い方が間違っていると感じる人もいます。本来の意味とは違う使い方をしすぎないよう気をつけましょう。

ルール
7

主文 仕事のメール向きの表現で書く

ありがたい　thankful　感激　biết ơn　　　含む　include　包含　bao hàm

本来　original　原来　gốc

ルール 8　書き終わり　書き終わりを丁寧にまとめる

Sign-off: Considerately conclude your email　［结尾］认真总结结尾　[Phần kết] Kết thúc một cách lịch sự

ウォーミングアップ

3EE営業部第一課のケリーさんは、SSJの平田さんに次のメールを送ります。

お名前誤記のお詫び

SSJ　平田様

度々失礼いたします。
3EEのケリーです。

先ほどお送りしたメールで、
平田様のお名前を間違えてしまいました。
大変失礼いたしました。

今後、このようなことがないよう
十分に注意いたします。

この度は（①　　　　　　　　　　　　　　　）。
（②　　　　　　　　　　）どうぞよろしくお願いいたします。

スタン・ケリー
株式会社3EE

1.　①にこのメールの内容に合わせた文を書きましょう。

2.　②に「これからも」という意味の言葉を書きましょう。

誤記　misspelling　写错　sự viết sai

「補足の一言」＋「書き終わりの挨拶」を心がける

Bear in mind "postscripts" and "closing message"　要留心 "补充的一句话" ＋ "结尾问候语"
Ghi nhớ "một câu bổ sung" + "lời chào kết thúc"

用件しか書かれていないメールは、やや丁寧さが足りない印象になってしまいます。
書き終わりの挨拶の前に、メールの内容に合った一言を補足しましょう。

〈補足の一言の例〉

1. 依頼

V_{ます}ましたら 〜場合は	おV_{ます} （お／ご）N（を）	いただければ幸い／幸甚です。
例） ・ご質問などがございましたら、ご遠慮なくお問い合わせいただければ幸いです。 ・大変恐縮ですが、お目通しいただければ幸甚です。		

2. お礼

おV_{ます} （お／ご）N	いただき（まして）、ありがとうございます。
例） お忙しい中、アンケートにご協力いただき、ありがとうございました。深くお礼申し上げます。	

印象　impression　印象　ấn tượng

幸い　be so grateful　万幸　rất biết ơn

お目通し　reading　过目　xem qua, đọc qua

補足する　complement　补充　bổ sung

幸甚　be much obliged　幸甚　vô cùng biết ơn

3. お詫び

- ・V_{ます}
  V_{ます}まして] （大変／誠に）申し訳ございません。
- ・〜を、（深く／心より）お詫び申し上げます。
- ・（何とぞ）ご容赦ください（ますようお願いいたします）。

例)
- ・この度はお手数をおかけしてしまい、誠に申し訳ございません。
- ・ご迷惑をおかけしましたことを、深くお詫び申し上げます。
- ・本メールと行き違い＊で、すでにメールをお送りいただいた場合はご容赦ください。

＊行き違い：相手が自分に送ったメールを受け取る前に、自分が相手にメールを送ること

4. 簡単なお礼や報告

まずは	（〜の）お礼／ご報告	のみにて失礼いたします。 （を）申し上げます。

例)
- ・まずはメール拝受のお礼のみにて失礼いたします。
- ・まずはご報告申し上げます。

5. 今後について

V_{ます}ましたら また	おV_{ます} （お／ご）N（を）] いたします。

例)
詳しいことが確認できましたら、ご連絡いたします。

ルール **8**

書き終わり　書き終わりを丁寧にまとめる

ご容赦　forgiving　请宽恕　sự bỏ qua

すでに　already　已经　đã

行き違い　crossing on the way　交叉不符　lướt qua nhau trên đường đi

メールの内容に合った書き終わりの挨拶をする

End in a way that suits the content of your email　使用与电子邮件内容相称的结尾问候语
Viết lời chào ở phần kết phù hợp với nội dung email

　メールの書き始めと同じように、書き終わりでも簡単な挨拶をします。一般的な書き終わりの挨拶は、「よろしくお願いいたします」です。メールの内容や相手との関係に合った表現を選びましょう。

〈書き終わりの挨拶の例*1〉

引き続き 今後とも *2 （お／ご）Nのほど 以上 お手数をおかけしますが お忙しいところ恐れ入りますが	何とぞ どうぞ	よろしくお願い ⎱ いたします。 ⎰ 申し上げます。

＊1　チェックポイント1の「お礼」や「お詫び」の一言のあとには、この挨拶は書かないこともある。

＊2　今後とも：相手との仕事などが一度終わったときに使う。

> ウォーミングアップに戻って、
> ルールの確認をしてみましょう！

（　　　　　　　　　）に入る言葉をa〜eの中から1つ選びましょう。➡ 8-①②

1. 大変お手数ですが、再度内容をご確認いただければ（　　　　　　）です。

2. この度は資料Aをお送りいただき、ありがとうございます。
   （　　　　　　　　）拝受のお礼のみにて失礼します。

3. 本メールと（①　　　　　　　）で、すでにお送りいただいた場合は（②　　　　　　　　）
   ください。

4. この件につきましては、4日（金）の正午までにご連絡いたします。
   （　　　　　　　）、どうぞよろしくお願いいたします。

---

a. 幸い　　b. ご容赦　　c. まずは　　d. 引き続き　　e. 行き違い

ルール 8

書き終わり　書き終わりを丁寧にまとめる

再度　　again　　再次　　lần nữa

_____に合う表現を入れましょう。→8-①

1. <都合がいい日程を知らせてもらうようにお願いをする>
   以上の日程でご都合を
   知らせてもらえたらありがたい → _____ です。
   ご検討のほど、どうぞよろしくお願いいたします。

2. <システムYの見積書を送ってもらったことに対して、簡単なお礼を言う>
   この度はシステムYの見積書をお送りいただき、ありがとうございます。まずは
   メールを受け取ったお礼だけで → _____ 失礼いたします。
   引き続き、どうぞよろしくお願いいたします。

3. <迷惑をかけたことをお詫びする>
   この度は私の不手際でご迷惑をおかけしてしまいましたことを、
   お詫びします → _____。
   今後とも、何とぞよろしくお願い申し上げます。

ケリーさんは、鈴木課長に次のメールを送ります。 ➡8-①②

企画Ａ打ち合わせ資料ご確認のお願い

企画Ａ打ち合わせ資料_修正.docx ▼

鈴木課長

お疲れ様です。ケリーです。

企画Ａ打ち合わせ資料を修正いたしました。
お忙しいところ恐れ入りますが、
添付ファイルをご確認いただけないでしょうか。

添付ファイル：企画Ａ打ち合わせ資料_修正.docx

この度は**至らない点**が多々あり
申し訳ございませんでした。
お気付きの点がございましたら
（①　　　　　　　　　　　　　　　　　　）です。

お目通し（②　　　　）、どうぞよろしくお願いいたします。

ケリー

---

1. ①に「（鈴木課長から）意見をしてもらえたらありがたい」という内容の文を書きましょう。

2. ②に入る言葉をa～dの中から1つ選びましょう。

　　a. は

　　b. をおかけしますが

　　c. のところ

　　d. のほど

修正する　correct　修改　chỉnh sửa　　　　　多々　many　很多　rất nhiều

「至らない」とは「行き届かない」という意味で、仕事のメールでは主に「自分の配慮や注意、能力などが足りない」ことを表します。自分のミスについてお詫びをするとき、自分のしたことが十分ではなかったときなどに使われる表現です。また、挨拶で自分のことを謙遜する場合にもよく使われます。

例）

・日程調整に至らない点があり、ご迷惑をおかけしてしまいました。深くお詫び申し上げます。

・至らない点も多いと思いますが、精一杯努力してまいります。ご指導のほど、どうぞよろしくお願いいたします。

練習3の「至らない点」とは、具体的に「何についての」「どのような」点のことですか。考えましょう。

行き届く　be attentive　周到　tỉ mỉ, chu đáo　　　能力　ability　能力　năng lực

謙遜する　be humble　謙虚　khiêm tốn　　　精一杯　to the best of my ability　竭尽全力　hết sức, hết mình

まとめの練習3 （ルール6～8） |||||||||||||||||||||||||||||||||||||||

Review questions 3 総结练习3 Luyện tập tổng hợp 3

　ケリーさんは、先輩の中村さんに送ってもらったメールを間違えて削除してしまいました。ケリーさんは、中村さんにもう一度メールを送ってもらうようにお願いします。次のメールのよくないところを正しく直しましょう。新しく文が必要な場合は、加えてください。

6/4のメール再送のお願い
中村さん お疲れ様です。ケリーです。6月4日に送っていただいた資料Aのメールをもう一度送ってください。よろしくお願いします。 ケリー

●ポイント

・配慮の表現を使って、丁寧にお願いをしていますか。
・相手にメールを再送してほしい理由を説明していますか。
・仕事のメール向きの表現を使っていますか。
・今後同じミスをしない気持ちを伝えていますか。
・書き終わりは丁寧ですか。

6/4のメール再送のお願い
中村さん お疲れ様です。ケリーです。

ルール
8
書き終わり　書き終わりを丁寧にまとめる

16のチェックポイントリスト List of 16 Checkpoints 16个注意要点列表 Danh sách 16 điểm kiểm tra

メールを送る前に、チェックポイントリストを使ってもう一度よく確認しましょう。

	チェックポイント	ルール
件名	「いつの」「何を」「どうする」などの具体的な情報を書いていますか。	1-①
	件名を短くしていますか。	1-②
宛名	相手の会社名や役職名、敬称などの書き方は正しいですか。	2-①
	2人以上に送る場合、宛名を書く順番と送信方法は正しいですか。	2-②
書き始め	書き始めの挨拶は相手との関係に合っていますか。	3-①
	状況に合わせてお礼やお詫びの一言を加えていますか。	3-②
主文	相手に最も伝えるべきことから書いていますか。	4-①
	箇条書きなどを使って内容を整理して書いていますか。	4-②
	1文の文字数は50字以内ですか。	5-①
	情報は具体的に表していますか。	5-②
	丁寧な表現を使って、相手への配慮の気持ちを表していますか。	6-①
	相手の視点を考えて書いていますか。	6-②
	フォーマルな表現を使っていますか。	7-①
	仕事のメール向きの表現を使っていますか。	7-②
書き終わり	書き終わりの挨拶の前に依頼やお礼などの一言を書いていますか。	8-①
	書き終わりの挨拶はメールの内容や相手との関係に合っていますか。	8-②

※メールの最後には「署名」を必ず書きましょう。

第2章
仕事のメールを書く

Writing a business email

写商务电子邮件

Viết email kinh doanh

1　依頼に対して承諾する

Agreeing to requests　接受请求　Chấp nhận yêu cầu

　依頼されたことにきちんと応えることは、仕事の基本です。依頼に確実・丁寧に応え、相手との信頼関係を作りましょう。また、自分の名前がTOに入っているメールを受信したら、原則として24時間以内に返信をするようにしましょう。

〈メールのやりとりの流れと主なポイント〉

A

B

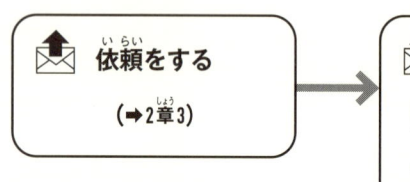

| 📧 依頼をする
（➡2章3） | ➡ | 📥 **依頼のメールを受信する**
「いつまでに」「何を」「いくつ」「誰に」「どうする」などの依頼内容をよく確認する。 |

すぐに回答できる場合＊

📧 **承諾をする**

・件名は基本的に変更しない。　　　　　　　　　　　　　　（➡1-①）

・書き始めの挨拶に、お礼の一言を加える。　　　　　　　　（➡3-②）

・理解したことや、どのように対応した／するかなどについて、具体的な情報を書く。　　　　　　　　　　　　　　　　　　　（➡5-②）

・書き終わりの挨拶の前に、依頼などの一言を補足する。　　（➡8-①）

＊依頼にすぐに回答できない場合　（➡2章2）

応える　respond　回応　đáp ứng　　　　　　　承諾　consent　答应　sự chấp thuận

82

サンプル

📥 依頼のメールを受信する

~~~
3/1打ち合わせ資料追加のお願い

3EE　ケリー様

大変お世話になっております。SSJの平田です。

3月1日（火）13時からの打ち合わせにつきまして、
資料の追加をお願いしたく、ご連絡いたします。

大変恐れ入りますが、次回打ち合わせの際、
商品Xのカタログを1部お持ちいただけないでしょうか。

お手数をおかけしてしまい、申し訳ございません。
何とぞよろしくお願いいたします。
------------------------------
株式会社SSJ
総務部　平田　直人
~~~

→ 具体的な依頼内容を確認する

📤 承諾をする

~~~
Re: 3/1打ち合わせ資料追加のお願い

SSJ　平田様

大変お世話になっております。3EEのケリーです。
ご連絡をいただき、ありがとうございます。

商品Xのカタログにつきまして承知いたしました。
3月1日（火）の打ち合わせにお持ちいたします。

ほかにも何か必要な物などがございましたら、
ご遠慮なくおっしゃっていただければ幸いです。

引き続き、どうぞよろしくお願いいたします。
----------------------
スタン・ケリー
株式会社3EE
~~~

] 宛名

] 書き始め
　（挨拶＋一言）

] 理解したことや
　対応したことなど

] 書き終わり
　（一言＋挨拶）

] 署名

依頼のメールを受信 → 承諾

3EEのケリーさんは、SSJの平田さんから次のメールを受信しました。ケリーさんは平田さんからどのようなことを依頼されましたか。

請求書ご送付のお願い

3EE　ケリー様

大変お世話になっております。
SSJの平田です。

先日はシステムWの修理をしていただき、
誠にありがとうございました。

つきましては、請求書を私宛てに
メールにてお送りくださいますようお願いいたします。

こちらの都合で大変申し訳ありませんが、
4月25日（木）までにご送付いただけないでしょうか。

何かご不明な点などがございましたら、
ご遠慮なくお問い合わせいただければ幸いです。

お手数をおかけしますが、
どうぞよろしくお願いいたします。

株式会社SSJ
総務部　平田　直人

<ケリーさんが平田さんから依頼されたこと>

・何を　→　　　　　　　・いつまでに　→

・誰に　→　　　　　　　・どうする　→

練習2

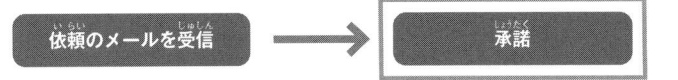
依頼のメールを受信 ⟶ 承諾

　3EEのケリーさんは、p.84の平田さんからのメールに返信をします。返信メールで伝える点は次の2点です。<　　　>の中から正しい言葉を選び、(　　　)に合う言葉を入れましょう。

●伝える点
・先日のシステムWの修理でお世話になったお礼
・このメールで請求書を送ること

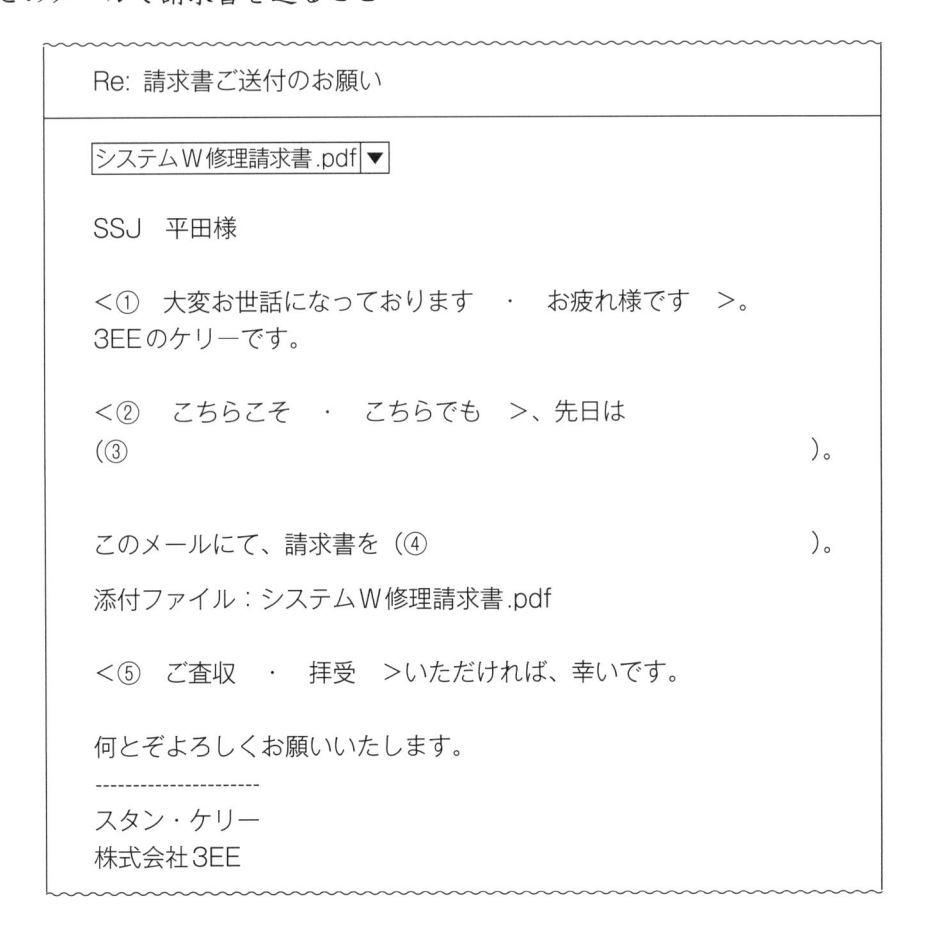

Re: 請求書ご送付のお願い

システムW修理請求書.pdf ▼

SSJ　平田様

<①　大変お世話になっております　・　お疲れ様です　>。
3EEのケリーです。

<②　こちらこそ　・　こちらでも　>、先日は
(③　　　　　　　　　　　　　　　　　　　　　　　　)。

このメールにて、請求書を (④　　　　　　　　　　　　　　　　　)。
添付ファイル：システムW修理請求書.pdf

<⑤　ご査収　・　拝受　>いただければ、幸いです。

何とぞよろしくお願いいたします。

スタン・ケリー
株式会社3EE

85

営業部第一課のケリーさんは、総務部の佐々木さんから次のメールを受信しました。下書きメモを参考にし、佐々木さんへの返信メールを書きましょう。

4/8（月）提出書類のご連絡

営業部第一課
ケリー様

お疲れ様です。総務部の佐々木です。

4月8日（月）にお持ちいただく書類について
ご案内します。
==============================
1．社員証明書
2．住所変更届
　　（システムからダウンロードしてご記入ください）
==============================

なお、当日は席を外してしまうこともありますので
恐れ入りますが、いらっしゃるお時間を
ご連絡いただけないでしょうか。

ご不明点などがありましたら
ご連絡いただければ幸いです。

どうぞよろしくお願いいたします。

総務部　佐々木大

参考　reference　参考　sự tham khảo

住所変更届　Notification of Change of Address　地址变更表
　　thông báo thay đổi địa chỉ

席を外す　leave one's seat　离开座位　rời khỏi văn phòng

書類　document　文件　giấy tờ

ダウンロードする　download　下载　tải xuống

●**下書きメモ**

・社内の人には、一般的にどのような書き始めの挨拶をしますか。

・書き始めの挨拶に、どのような一言を加えるとよいですか。

・「提出書類について<u>分かりました</u>」のより仕事のメール向きの表現は何ですか。

・提出書類のほかに、ケリーさんは佐々木さんからどのようなことを言われましたか。

・書き終わりの挨拶の前に、どのような一言を補足するとよいですか。

●**解答用紙**　目標時間：(　　　　　)分　WEB

件名	
宛名	
書き始め (挨拶＋一言)	
依頼に対する **回答**	
書き終わり (一言＋挨拶)	
署名	------------------------------- 営業部第一課 スタン・ケリー stan.kelly@3ee.co.jp 080-1234-XXXX -------------------------------

Refraining from answering/giving an answer to a request　保留对请求的回复/回复　Trì hoãn trả lời/Trả lời yêu cầu

　相手からの依頼にすぐに応えられない場合、回答できるようになるまで返信をしないと、相手を不安な気持ちにさせてしまいます。回答を保留させてもらうことを、まず相手に伝えましょう。

〈メールのやりとりの流れと主なポイント〉

A　　　　　　　　　　　　　　　　　B

| ✉ **依頼をする**
（➡2章3） | ➡ | ✉ **依頼のメールを受信する**
「いつまでに」「何を」「いくつ」「誰に」「どうする」
などの依頼内容をよく確認する。 |

すぐに回答できない場合＊

 回答を保留する

- 件名は基本的に変更しない。　　　　　　　　　　　　　　　（➡1-①）
- 書き始めの挨拶に、お礼の一言を加える。　　　　　　　　　（➡3-②）
- 配慮の表現を使ってすぐに回答できないことをお詫びする。　（➡6-①）
- 理由や回答期限などを具体的に述べる。　　　　　　　　　　（➡5-②）
- 書き終わりの挨拶の前に、簡単なお礼などの一言を補足する。（➡8-①）

 回答をする

- 件名は基本的に変更しない。　　　　　　　　　　　　　　　（➡1-①）
- 書き始めの挨拶に、回答が遅くなったことについてのお詫びの一言を加える。　　　　　　　　　　　　　　　　　　　　　　（➡3-②）
- 回答は相手に伝えるべきことから順に書く。　　　　　　　　（➡4-①）
- 書き終わりの挨拶の前に、依頼などの一言を補足する。　　　（➡8-①）

＊依頼にすぐに回答できる場合（➡2章1）

保留する　put on hold　搁置　trì hoãn

依頼のメールを受信する

XYプロジェクト打ち合わせ日程調整のお願い

営業部第一課　中村さん、ケリーさん

お疲れ様です。情報システム部の山本です。

10／9（水）16：00からXYプロジェクトの打ち合わせを
行うことになりました。
中村さんとケリーさんのご都合はいかがでしょうか。

急なご連絡で大変申し訳ありませんが、
明後日（5日）正午までにご確認いただけないでしょうか。

よろしくお願いします。

情報システム部
部長　山本　花

> 具体的な依頼内容を
> 確認する

 回答を保留する

Re: XYプロジェクト打ち合わせ日程調整のお願い

情報システム部　山本部長
（cc：中村さん）

お疲れ様です。営業部第一課のケリーです。
打ち合わせにつきまして
ご連絡をいただき、ありがとうございます。

申し訳ございませんが、現在スケジュールを調整中ですので、
回答をお待ちいただけないでしょうか。
明後日（5日）の正午までにはご連絡いたします。

まずはメール拝受のご連絡のみにて失礼いたします。
引き続き、どうぞよろしくお願いいたします。

営業部第一課
スタン・ケリー

> 宛名

> 書き始め
> （挨拶＋一言）

> すぐに回答できない理由
> や回答期限など

> 書き終わり
> （一言＋挨拶）

> 署名

✉ 回答をする

Re: XYプロジェクト打ち合わせ日程調整のお願い

情報システム部　山本部長] 宛名
（cc：中村さん）

お疲れ様です。営業部第一課のケリーです。] 書き始め
回答をお待たせしてしまい、 （挨拶＋一言）
大変申し訳ありません。

10月9日（水）16：00からの] 回答
XYプロジェクトの打ち合わせですが
中村さん、ケリーともに参加いたします。

何か準備しておくべきことなどがございましたら] 書き終わり
ご連絡いただければ幸いです。 （一言＋挨拶）

どうぞよろしくお願いいたします。

営業部第一課] 署名
スタン・ケリー

練習1

| 依頼のメールを受信 | → | 回答を保留 | → | 回答 |

3EEのケリーさんは、SSJの平田さんから次のメールを受信しました。

商品Aミーティング日程調整のお願い

3EE　中村様、ケリー様

大変お世話になっております。SSJの平田です。

この度は商品Aのサンプルをお送りいただき
ありがとうございました。

つきましては、オンラインでミーティングをお願いしたいと思います。
以下の日程でお二人のご都合はいかがでしょうか。
============================
・6月14日（月）　13：00～17：00の間
・6月15日（火）　10：00～12：00の間
・6月18日（金）　14：00～17：00の間
============================

こちらの日程でご都合が悪いようでしたら、
ご希望の日時をお知らせいただけますでしょうか。
6月9日（水）までにお返事をいただければ幸いです。

お忙しいところ恐れ入りますが、
ご検討のほど、どうぞよろしくお願いいたします。

株式会社SSJ
総務部　平田　直人

---

1. 平田さんから「何について」の日程を聞かれましたか。

2. 平田さんから「誰と誰」の都合について聞かれましたか。

3. 平田さんから言われた日程で都合が悪い場合は、どのようにしますか。

依頼のメールを受信 → 回答を保留 → 回答

ケリーさんは、p.91の平田さんからのメールに返信をします。返信メールで伝える点は次の3点です。

●伝える点

・連絡をもらったことのお礼
・今週中村さんがお休みのため、すぐに回答できないこと
・回答を7日（月）まで待ってもらいたいこと

> Re: 商品Aミーティング日程調整のお願い
>
> ---
>
> SSJ　平田様
> （①cc：　　　　　　　　）
>
> （②　　　　　　　　　　　　　　　　）。3EEのケリーです。
>
> 商品Aのミーティング日程について
> （③　　　　　　　　　　　　）、
> 誠にありがとうございます。
>
> （④　　　　　　　　　　　　　　）が、
> 中村が今週休暇をいただいているため、
> すぐにお答えすることができません。
>
> 7日（月）にはお答えできますので、
> 少々<⑤　お待たせ　・　お待ち　>いただけないでしょうか。
>
> まずはメール<⑥　拝受　・　拝見　>のお礼のみにて
> 失礼<⑦　いたします　・　いたしました　>。
>
> 引き続き、どうぞよろしくお願いいたします。
> ----------------------
> スタン・ケリー
> 株式会社3EE

1. <　　　>の中から正しい言葉を選び、（　　　）に合う言葉を入れましょう。

2. このメールを送ったあと、ケリーさんは中村さんのスケジュールを確認して、もう一度平田さんに連絡をします。a～eの文をどの順番で書きますか。

> a. 何か必要な資料などがございましたら、ご遠慮なくおっしゃってください。
>
> b. ミーティングの日程ですが、【6月18日（金）15時】からでお願いします。
>
> c. 大変お世話になっております。3EEのケリーです。
>
> d. 引き続き、どうぞよろしくお願いいたします。
>
> e. 商品Aのミーティングについてご連絡が遅くなってしまい、申し訳ございません。

●回答メール

> Re: 商品Aミーティング日程調整のお願い
>
> SSJ　平田様
> （cc：弊社中村）
>
> （　　　）
> ↓
> （　　　）
> ↓
> （　　　）
> ↓
> （　　　）
> ↓
> （　　　）
> ---------------------
> スタン・ケリー
> 株式会社3EE

3EEのケリーさんは、SSJの平田さんから「システムW」について次のメールを受信しました。

「システムW」お見積書のお願い

3EE　ケリー様

お世話になっております。SSJの平田です。

先日ご説明いただいた「システムW」について
ご連絡いたします。
お手数ですが、以下の内容で
見積書のご送付をお願いいたします。

＜見積内容＞
・「システムW」：1点
・納期：20XX年4月30日（火）

こちらの都合で申し訳ありませんが、
3月15日（金）までに私宛てにメールにて
お送りいただけないでしょうか。

お忙しいところ恐れ入りますが
ご検討いただければ幸いです。

何とぞよろしくお願い申し上げます。

株式会社SSJ
総務部　平田　直人

---

1. ケリーさんは平田さんからどのようなことを依頼されましたか。

・何を　→

・いつまでに　→

・誰に　→

・どうする　→

納期　delivery date　交货日期　ngày giao hàng

2. ケリーさんは、平田さんからのメールの内容について鈴木課長に相談をしました。
次の会話を参考にし、平田さんへの返信メールを書きましょう。

＜ケリーさんと鈴木課長の会話＞

ケリー　：課長、SSJの平田さんから「システムW」の見積書のご依頼があった
　　　　　んですが、今よろしいでしょうか。

鈴木課長：うん、いいよ。

ケリー　：システムWのご購入を少々急いでいるそうで、見積書は3月15日の
　　　　　金曜日までにほしいとのことなんです。15日までに送れるでしょうか。

鈴木課長：その件は、情報システム部に確認しないと分からないな……。
　　　　　平田さんには今社内で確認していることと、明日には答えられると
　　　　　今日中に返信しておいて。それから、念のため私をCCに入れてくだ
　　　　　さい。

ケリー　：承知いたしました。

●下書きメモ

・鈴木課長をCCに入れる場合、宛名はどのように書きますか。

・書き始めの挨拶には、どのような一言を加えるとよいですか。

・ケリーさんが平田さんに伝えるべき点は、いくつありますか。どのような内容で
　すか。

・書き終わりの挨拶の前に、どのような一言を補足するとよいですか。

購入　purchase　购买　việc mua hàng　　　　念のため　just in case　以防万一　để chắc chắn, để phòng hờ

●**解答用紙**　目標時間：(　　　　)分　WEB

件名	
宛名	
書き始め （挨拶＋一言）	
依頼に対する 回答	
書き終わり （一言＋挨拶）	
署名	------------------------------ スタン・ケリー 株式会社3EE 営業部第一課 stan.kelly@3ee.co.jp 080-1234-XXXX ------------------------------

3 依頼をする／お礼を言う

Making a request/giving thanks　提出请求/致谢　Đưa ra yêu cầu/Cảm ơn

　相手に依頼をするときは、相手への配慮の表現を使って丁寧に伝えます。期限を書く場合は、相手が依頼に応えるのに十分な時間があるかどうかを考えます。相手から返信が届いたら、すぐに丁寧にお礼のメールを送りましょう。

〈メールのやりとりの流れと主なポイント〉

A

B

 依頼をする

・相手に最も伝えるべきことやメールの目的などから書く。　　　　　　　（➡4-①）

・相手に対する配慮の表現を使って、丁寧に依頼する。　　　　　　　　　（➡6-①）

・書き終わりの挨拶の前に、依頼の一言を補足する。　　　　　　　　　　（➡8-①）

 依頼のメールを受信する

 依頼に対して返信する

（➡2章1、2）

 依頼に対する返信を受け取る

依頼したことのほかに新しい情報があるかどうか、内容をよく確認する。

 お礼を言う

・書き始めの挨拶に、お礼の一言を加える。（➡3-②）

・これからすることなどを、簡潔に書く。（➡5-①）

・書き終わりの挨拶の前に、お礼の一言を補足する。　　　　　　　　　　（➡8-①）

依頼をする （いらい）

商品K打ち合わせ資料ご確認のお願い

鈴木課長 ｜ 宛名（あて な）

お疲れ様です。ケリーです。 ｜ 書き始め（挨拶）（か はじ）（あいさつ）

10日（月）の商品K打ち合わせにつきまして
資料2点を作成いたしました。
お忙しいところ恐れ入りますが、
ご確認いただけないでしょうか。

相手に最も（あい て）（もっと）
伝えるべきこと（つた）

----
1. 商品K企画書（PPTファイル）
2. 商品K関連会社(Excelファイル)

ファイルの保存場所：
https://www.filebox.com/scl/ 3EE/eigyoo3

具体的な依頼内容（ぐ たいてき）（い らいないよう）
の説明（せつめい）

変更が必要な点などがございましたら
お知らせいただければ幸いです。

どうぞよろしくお願いいたします。

書き終わり（か お）
（一言＋挨拶）（ひとこと）（あいさつ）

ケリー ｜ 署名（しょめい）

✉ 依頼に対する返信を受け取る

> Re: 商品K打ち合わせ資料ご確認のお願い
>
> ケリーさん
>
> お疲れ様です。鈴木です。
>
> 商品Kの打ち合わせ資料2点の作成を
> ありがとうございました。
>
> 特に変更が必要な点はありませんでした。　◄------ 返信の内容をよく確認する。
> 本日中に関係者全員に資料を送ってください。
>
> よろしくお願いします。
>
> 鈴木

✉ お礼を言う

> Re: 商品K打ち合わせ資料ご確認のお願い
>
> 鈴木課長　　　　　　　　　　　　　　　　　　❩ 宛名
>
> お疲れ様です。ケリーです。　　　　　　　　　❩ 書き始め
> 早速ご返信いただきありがとうございます。　　❩ （挨拶＋一言）
>
> 打ち合わせ資料は特に変更点はないとのこと、　❩ これから対応することや
> 承知いたしました。　　　　　　　　　　　　　❩ 今後について
> 関係者の皆さんに本日中にお送りいたします。
>
> お忙しいところ、資料をご確認いただきまして　❩ 書き終わり
> ありがとうございました。　　　　　　　　　　❩ （一言＋挨拶）
>
> 引き続き、どうぞよろしくお願いいたします。
>
> ケリー　　　　　　　　　　　　　　　　　　　❩ 署名

依頼 → 返信を受け取る → お礼

3EEのケリーさんは、株式会社FKIに商品『YOYO』の資料を送ってもらうようにお願いします。

株式会社FKI　<① 　様　・　ご担当者様　>

<② 初めて　・　初めまして　>ご連絡いたします。
株式会社3EE営業部のケリー<③ 　でございます　・　と申します　>。

⑥
現在弊社では、貴社商品『YOYO』の購入を検討しておりますので
大変お手数ですが、『YOYO』の資料を私宛てに
お送りいただけないでしょうか。

こちらの<④ 　ご都合　・　都合　>で大変申し訳ございませんが、
6月5日（金）までにいただければ　<⑤ 幸甚　・　ご快諾　>です。

何とぞよろしくお願いいたします。

スタン・ケリー
株式会社3EE

---

1. ＜　　　＞の中から正しい言葉を選びましょう。

2. ⑥の文は文字数が多くなってしまっています。2つの文に分けて書きましょう。
   必要な表現は追加してください。
   1文目：

   2文目：

3. このメールの件名を書きましょう。

依頼	→	返信を受け取る	→	お礼

　3EEのケリーさんは、p.100で依頼した『YOYO』の資料を受け取りました。ケリーさんは、資料を送ってくれた株式会社FKI営業部の菊池さんにお礼のメールを送ります。

●伝える点

　・『YOYO』の資料を送ってもらったお礼

　・『YOYO』の資料を今日受け取ったこと

株式会社FKI営業部
菊池様

お世話になっております。
3EEのケリー<①　でございます　・　と申します　>。

この度は『YOYO』の資料を
(②　　　　　　　　　　　　　　　　　　　　　　　)。
本日確かに<③　拝読　・　拝受　>いたしました。

⑤ [
早速社内で検討して、お聞きしたいことなどがあったら、
またご連絡いたします。

<④　お手数ですが　・　お忙しいところ　>、早速ご対応いただき
ありがとうございました。

今後とも、どうぞよろしくお願いいたします。

スタン・ケリー
株式会社3EE

1.　<　　　　>の中から正しい言葉を選び、(　　　　　)に合う言葉を入れましょう。

2.　⑤の＿＿＿＿＿を仕事のメール向きの表現に直しましょう。

　　・　して　→　　　　　　　　　　　　　　・　あったら　→

1. 総務部のワンさんは、会社の社員全員に『健康診断に関するアンケート』に協力
   してもらうようにお願いします。伝える点と下書きメモを参考にし、依頼のメー
   ルを書きましょう。

●**伝える点**
- 健康診断について意見を聞きたくて、アンケートを行うことになったこと
- アンケートに協力してほしいこと
- アンケート名は『健康診断に関するアンケート』
- 回答期限は5月30日（金）17：00まで
- 回答方法は「URL（https://www.xxxx.xx.xx/）」を開いて入力
- 皆さんの貴重な意見がもらえたらありがたいこと

●**下書きメモ**
- 複数の人に同時にメールを送る場合、どのような宛名を書きますか。
- 社内の人には、一般的にどのような書き始めの挨拶をしますか。
- 「意見を聞きたくて、」のより仕事のメール向きの表現は何ですか。
- 相手に依頼をする場合、どのような配慮の表現を使いますか。

健康診断　health check　健康检查　kiểm tra sức khỏe

件名	
宛名	
書き始め（挨拶）	
アンケートを行うこととその理由	
アンケートへの協力をお願いする	
アンケートの具体的な説明	
書き終わり（一言＋挨拶）	
署名	------------------------------ 総務部 ワン・ファン wang.fang@3ee.co.jp 080-1111-XXXX ------------------------------

3

依頼をする／お礼を言う

2. ワンさんはp.102の『健康診断に関するアンケート』に回答してくれた社員にお礼の
   メールをします。伝える点と下書きメモを参考にし、お礼のメールを書きましょう。

●伝える点

　・『健康診断に関するアンケート』に協力してくれたお礼
　・貴重な意見を多数もらえたこと
　・皆さんからもらった意見を今後に生かしていくこと
　・何か不明な点などがあったら連絡してほしいこと

●下書きメモ

　・件名にどのような言葉があると、メールの用件が伝わりやすいですか。
　・「〜を今後に生かしていきます」の敬語は何ですか。
　・「不明な点などがあったら、連絡をもらえるとありがたい」のより仕事のメール
　　向きの表現は何ですか。

生かす　make use of　活用　phát huy

件名	
宛名	
書き始め（挨拶）	
アンケートのお礼	
今後について	
書き終わり （一言＋挨拶）	
署名	------------------------------------ 総務部 ワン・ファン wang.fang@3ee.co.jp 080-1111-XXXX ------------------------------------

4 指摘・催促をする／お詫びをする

Pointing out and reminding/apologizing　指出・催促/賠礼道歉　Chỉ ra lỗi hoặc hối thúc/Xin lỗi

　仕事上のミスは誰にでもあります。相手のミスを指摘したり、何かを催促したりする場合は、「自分が間違えているかもしれない」という気持ちで書くことが大切です。自分がミスをしてしまった場合は、すぐに対応してお詫びのメールを送りましょう。

〈メールのやりとりの流れと主なポイント〉

A 　　　　　　　　　　　　　　　B

 指摘・催促をする

・ミスを決めつけないで丁寧に指摘する。　（➡6-②）

・配慮の表現を使って、ミスの対応を丁寧にお願いする。　（➡6-①）

・書き終わりの挨拶の前に、行き違いの場合についての一言を補足する。　（➡8-①）

 指摘・催促のメールを受信する

「何を」「いつまでに」「誰に」「どうする」などの内容をよく確認する。

✉ **お詫びをする**

・件名は基本的に変更しない。　（➡1-①）

・書き始めの挨拶に、お詫びの一言を加える。　（➡3-②）

・ミスの理由を伝え、言い訳はしない。今後同じミスを繰り返さないという気持ちを相手に伝える。　（➡6-②）

・書き終わりの挨拶の前に、お詫びの一言を補足する。　（➡8-①）

催促する　remind　催促　hối thúc

106

指摘・催促をする

連絡先リストのご入力について	
営業部第一課　ケリー様	］宛名
お疲れ様です。総務部の佐々木です。	］書き始め（挨拶）
連絡先リストについて、お伺いします。	］メールの用件を1文で伝える
リストへの入力期限は、7日（水）の17時まででしたがまだご入力いただいていないようです。	］ミスを丁寧に指摘する
お忙しいところ恐れ入りますが、至急ご確認いただけないでしょうか。	］お願いしたいことなど
なお、本メールと行き違いですでにご入力いただいた場合はご容赦ください。ご対応のほど、どうぞよろしくお願いいたします。----------------------	］書き終わり（一言＋挨拶）
総務部　佐々木大	］署名

4

指摘・催促をする／お詫びをする

連絡先　contact information　联系方式　thông tin liên lạc

✉ お詫びをする

Re: 連絡先リストのご入力について

総務部　佐々木様 〕宛名(あてな)

お疲れ様です。ケリーです。

ご迷惑をおかけしてしまい、
大変申し訳ございません。 〕書き始め(かはじ)(挨拶＋一言)(あいさつ ひとこと)

入力期限を失念しておりました。 〕ミスの理由(りゆう)

先ほど、リストに入力いたしました。
お忙しいところ恐れ入りますが、
ご確認いただけないでしょうか。 〕対応したことやいつまで(たいおう)に対応できるかなど(たいおう)

今後はこのようなミスをしないよう、十分に注意いたします。 〕今後について(こんご)

ご迷惑をおかけしましたことを、お詫び申し上げます。
引き続き、どうぞよろしくお願いいたします。 〕書き終わり(かお)(一言＋挨拶)(ひとこと あいさつ)

営業部第1課
スタン・ケリー 〕署名(しょめい)

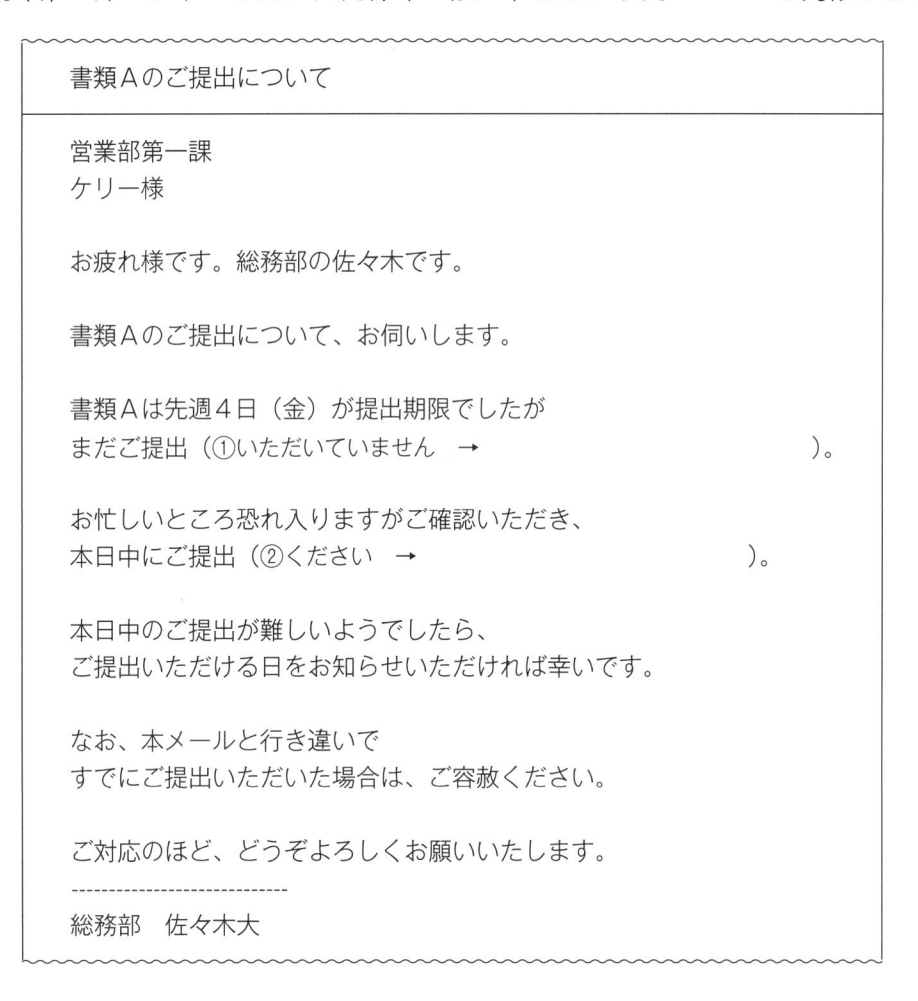

指摘・催促 ➡️ 指摘・催促のメールを受信 ➡️ お詫び

営業部第一課のケリーさんは、総務部の佐々木さんから次のメールを受信しました。

書類Aのご提出について

営業部第一課
ケリー様

お疲れ様です。総務部の佐々木です。

書類Aのご提出について、お伺いします。

書類Aは先週4日（金）が提出期限でしたが
まだご提出（①いただいていません　→　　　　　　　　　　　　　　　）。

お忙しいところ恐れ入りますがご確認いただき、
本日中にご提出（②ください　→　　　　　　　　　　　　　　）。

本日中のご提出が難しいようでしたら、
ご提出いただける日をお知らせいただければ幸いです。

なお、本メールと行き違いで
すでにご提出いただいた場合は、ご容赦ください。

ご対応のほど、どうぞよろしくお願いいたします。

総務部　佐々木大

1.　佐々木さんから「何を」「いつまでに」「どうする」ことを催促されましたか。

2.　1で催促されたことができない場合は、佐々木さんに何を知らせますか。

3.　①②をより丁寧な表現に直しましょう。

ケリーさんは、p.109の佐々木さんからのメールに返信をします。

Re: 書類Aのご提出について

総務部
佐々木様

お疲れ様です。営業部第一課のケリーです。

書類Aのご提出が遅れてしまい、
大変申し訳ございません。
4日（金）の提出期限を
<① 失念 ・ 不手際 >してしまっておりました。

④⌈　本日中のご提出は難しい状況ですが、
　　できるだけ早くご提出します。
　　恐れ入りますが、
　　少々お待ち<② させていただけない ・ いただけない >でしょうか。

今後はこのようなミスを<③ しない ・ せず >よう、
十分気をつけます。

ご迷惑をおかけし、大変申し訳ございません。
引き続き、どうぞよろしくお願いいたします。

営業部第一課
スタン・ケリー

---

1. ＜　　　＞の中から正しい言葉を選びましょう。

2. ④には直したほうがいい表現があります。正しく直しましょう。

営業部第一課のケリーさんは、同じ課の同僚の木田さんから次のメールを受信しました。ケリーさんは打ち上げに参加します。下書きメモを参考にし、木田さんに対する返信メールを書きましょう。

10/5（水）営業部第一課打ち上げの出欠確認

ケリーさん

お疲れ様です。木田です。
先日ご案内した打ち上げについての確認です。

出欠の回答期限は20日（水）まででしたが
まだご連絡をいただいていないようです。

こちらの都合で申し訳ありませんが
店の予約が必要なため、
本日中に出欠をお知らせいただけないでしょうか。

なお、本メールと行き違いでご連絡いただいた場合は
ご容赦ください。

どうぞよろしくお願いいたします。

木田

●下書きメモ

・書き始めの挨拶に、どのような一言を加えるとよいですか。

・お詫びのメールで書かないように気をつけなければならないことは、何ですか。

・「出欠の回答期限を忘れていました」のより仕事のメール向きの表現は何ですか。

・ミスの理由のほかに相手に何を伝えるとよいですか。

出欠　attendance　出席与否　sự tham gia hoặc không tham gia

●**解答用紙**　目標時間：(　　　　　)分　[WEB]

件名	
宛名	
書き始め （挨拶＋一言）	
ミスの理由	
回答	
今後について	
書き終わり （一言＋挨拶）	
署名	ケリー

5 ファイルを添付する／お詫び・訂正をする

Attaching a file/apologizing and making corrections　附加文件/道歉・更正　Đính kèm tập tin/Xin lỗi hoặc đính chính

　メールにファイルを添付して送るときは、ファイルを添付し忘れていないか、添付ファイルは正しいかなどについて、送信前によく確認します。添付ミスをしてしまった場合は、すぐにお詫びをして正しいファイルを送りましょう。

〈メールのやりとりの流れと主なポイント〉

A

B

ファイルを添付して送信する

・書き始めの挨拶のあとに、用件をまず1文で表す。（➡4-①）
・添付ファイル名やファイルの数などを正確に書く。（➡5-②）
・複数のファイルを送る場合は、箇条書きで書く。（➡4-②）
・書き終わりの挨拶の前に、依頼の一言を補足する。（➡8-①）
・大量のファイルを一度に送る、大きなファイルを圧縮しないで送るなどはしない。

添付ミスのメールを受け取る

指摘をする
（➡2章4）

指摘のメールを受信する（➡2章4）

お詫び・訂正をする

・件名は基本的に変更しない。　　　　　　　　　（➡1-①）
・書き始めの挨拶にお詫びの一言を加える。　　　（➡3-②）
・添付ファイルの再確認を丁寧にお願いする。　　（➡6-①）
・書き終わりの挨拶の前に、お詫びの一言を補足する。（➡8-①）
・添付したファイルを間違えた場合は、前に送ったファイルを新しいファイルに差し替えてもらうようにお願いする。

....

大量　large quantity　大量　số lượng lớn　　　　　**圧縮する**　compress　圧縮　nén lại
訂正　correction　更正　sự đính chính

ファイルを添付して送信する

6/20 商品 X 打ち合わせ議事録のご送付

情報システム部　山本部長] 宛名

お疲れ様です。営業部第一課のケリーです。
本日は打ち合わせのお時間をありがとうございました。] 書き始め（挨拶＋一言）

本日の打ち合わせ議事録を
添付 PDF ファイルにてお送りいたします。] メールの用件
ファイル名：240620 商品 X 打ち合わせ議事録.pdf] 添付ファイルの具体的な説明

ご質問などがございましたら、
お手数ですがご連絡いただければ幸いです。

ご査収のほど、どうぞよろしくお願いいたします。] 書き終わり（一言＋挨拶）

営業部第一課
スタン・ケリー] 署名

 指摘のメールを受信する

Re: 6/20 商品 X 打ち合わせ議事録のご送付

ケリーさん

お疲れ様です。山本です。

先ほどのメールですが、
ファイルが添付されていないようです。 ◄------

お手数ですが、再送していただけないでしょうか。

どうぞよろしくお願いします。

情報システム部
部長　山本　花

〈添付ファイルが正しくなかった場合〉
「別のファイルが添付されているようです。」

お詫び・訂正をする

Re: 6/20商品Ｘ打ち合わせ議事録のご送付

240620商品Ｘ打ち合わせ議事録.pdf ▼

情報システム部　山本部長

お疲れ様です。ケリーです。
ファイルの添付を失念してしまい、
大変失礼いたしました。

本メールにて添付PDFファイル
『240620商品Ｘ打ち合わせ議事録』を
お送りいたします。
恐れ入りますが、再度ご確認をお願いいたします。◀

この度はお手数をおかけし、申し訳ありませんでした。
引き続き、どうぞよろしくお願いいたします。

営業部第一課
スタン・ケリー

┐宛名

┐書き始め
（挨拶＋一言）

┐正しいファイルを
送ることを伝え、
ファイルの再確認
をお願いする

┐書き終わり
（一言＋挨拶）

┐署名

〈添付ファイルが正しくなかった場合〉
「先ほどのファイルを、添付のファ
イルに差し替えてくださいますよう
お願いいたします。」

〈相手の指摘の前に、自分でミスに気がついた場合〉
「先ほどお送りしたメールに誤りがございました。」

ファイルを添付して送信 ⟶ 指摘のメールを受信 ⟶ お詫び・訂正

　3EEのケリーさんは、SSJの平田さんに『システムY』に関するファイルを添付で送ります。

Re:『システムY』関連資料ご送付のお願い

SSJ　平田様

お世話になっております。
３EEのケリーです。

この度は弊社商品『システムY』につきまして
お問い合わせを誠にありがとうございます。

⑥〈①　つきまして　・　つきましては　〉、『システムY価格表.pdf』、
『システムYカタログ20XX.pdf』および『システムY関連商品.pdf』を
添付PDFファイルにてお送りいたします。

何か（②　　　　　　　　　　　　　　　　　　　　　　　　　）、
ご遠慮〈③　しないで　・　なく　〉
（④　　　　　　　　　　　　）ください。

（⑤　　　　　　　　　　　　）のほど、
何とぞよろしくお願いいたします。

スタン・ケリー
株式会社３EE

1.　〈　　　〉の中から正しい言葉を選び、（　　　　　）に合う言葉を入れましょう。

2.　⑥の文の内容をより分かりやすく伝えるために、ポイントを整理した書き方に直しましょう。

ファイルを添付して送信	→	指摘のメールを受信	→	お詫び・訂正

3EEのケリーさんはp.116のメールを平田さんに送りましたが、ファイルの添付がなかったことを指摘されてしまいました。ケリーさんは平田さんに次のメールを送ります。

Re:『システムY』関連資料ご送付のお願い

システムY価格表.pdf ▼　システムYカタログ20XX.pdf ▼
システムY関連商品.pdf ▼

SSJ　平田様

大変お世話になっております。3EEのケリーです。

①すみません。
先ほどは②少々急いでいたため
ファイルの添付を失念してしまいました。

本メールにて添付PDFファイル3点をお送りします。
1.　システムY価格表.pdf
2.　システムYカタログ20XX.pdf
3.　システムY関連商品.pdf

③確認してください。

この度はお手数をおかけし、申し訳ありませんでした。
引き続き、何とぞよろしくお願いいたします。

スタン・ケリー
株式会社3EE

1.　①～③には直したほうがいい表現があります。正しく直しましょう。

①　すみません　→

②　少々急いでいたため　→

③　確認してください　→

2. ケリーさんは、p.117のメールを平田さんに送りましたが、添付ファイル1点に誤りがあることを指摘されてしまいました。ケリーさんは平田さんにすぐに正しいファイルを送ります。(　　　　　　)に合う言葉を入れましょう。

●伝える点

- 何度もメールを送ることについてのお詫び
- ファイルを間違えて送ってしまったことのお詫び
- 前に送ったファイルと添付のファイルを取り替えてもらいたいこと

Re:『システムY』関連資料ご送付のお願い

システムY価格表.pdf ▼

SSJ　平田様

（①　　　　　　　　　　） 失礼いたします。

先ほどお送りした『システムY価格表.pdf』に
誤りがあり、（②　　　　　　　　　　　　　　）。

本メール（③　　　　　　　　） 正しいファイルをお送りいたします。

（④　　　　　　　　） が、
先ほどのファイルを添付のファイルに
（⑤　　　　　　　　） くださいますようお願いいたします。

至らない点が多く、誠に申し訳ございません。

どうぞよろしくお願い申し上げます。

スタン・ケリー
株式会社3EE

1. 営業部第一課のケリーさんは、総務部の佐々木さんに領収書をメールに添付して送ります。添付する領収書のファイル名は『領収書（3/15ケリー）.pdf』と『領収書（3/20ケリー）.pdf』です。下書きメモを参考にし、ファイルを添付で送るメールを書きましょう。

●下書きメモ
　・社内の人には、一般的にどのような書き始めの挨拶をしますか。
　・添付ファイルが2点以上ある場合、どのように書くとより分かりやすくなりますか。
　・書き終わりの挨拶の前に、どのような一言を補足するとよいですか。

●解答用紙　目標時間：（　　　　　）分　WEB

件名	
宛名	
書き始め（挨拶）	
メールの用件	
添付ファイルの説明	
書き終わり（一言＋挨拶）	
署名	------------------------------ 営業部第一課 スタン・ケリー stan.kelly@3ee.co.jp 080-1234-XXXX ------------------------------

5

ファイルを添付する／お詫び・訂正をする

領収書　receipt　收据　biên nhận

2. ケリーさんはp.119のメールを佐々木さんに送りましたが、ファイルを添付し忘れてしまいました。佐々木さんから添付がないことを指摘されたケリーさんは、添付ファイルを送ります。下書きメモを参考にし、ミスのお詫びをして訂正するメールを書きましょう。

●下書きメモ

・書き始めの挨拶に、どのような一言を加えるとよいですか。
・「ファイルを添付するのを忘れていた」のより仕事のメール向きの表現は何ですか。
・添付した正しいファイルについて、相手にどのようなことをお願いするとよいですか。
・書き終わりの挨拶の前に、どのような一言を加えるとよいですか。

●解答用紙　目標時間：(　　　　　)分　WEB

件名	
	領収書（3/15ケリー）.pdf ▼　　領収書（3/20ケリー）.pdf ▼
宛名	
書き始め（挨拶）	
ミスのお詫び	
添付ファイルの説明	
添付ファイルの確認依頼	
書き終わり（一言＋挨拶）	
署名	------------------------------ 営業部第一課 スタン・ケリー stan.kelly@3ee.co.jp 080-1234-XXXX ------------------------------

場面別メールリスト List of emails by scenario 按場面列出的电子邮件列表 Danh sách email theo tình huống

※別：別冊

場面	内容	相手	ページ
依頼	アンケートへの協力を依頼する	社内	別14
	打ち合わせの日程の調整を依頼する	社内	89
		社外	91
	会議時間の変更を依頼する	社内	58
	研修報告書の確認を依頼する	社内	51
	資料の確認を依頼する	社内	77、98
	資料の送付を依頼する	社外	100
	資料の追加を依頼する	社外	83
	新入社員歓迎会の参加について返事を依頼する	社内	47
	請求書の送付を依頼する	社外	84
	忘年会の参加について返事を依頼する	社内	41
	見積書の送付を依頼する	社外	94
	メールの再送を依頼する	社内	別10
お礼	アンケートに協力してもらったことについてお礼を言う	社内	別15
	打ち合わせのお礼を言う	社外	23、別4
	資料を送ってもらったことについてお礼を言う	社外	101
	資料を確認してもらったことについてお礼を言う	社内	99
お詫び	出欠について連絡していなかったことについてお詫びする	社内	別16
	情報を入力していなかったことについてお詫びする	社内	108
	書類を提出していなかったことについてお詫びする	社内	110
	添付ファイルを間違えたことについてお詫びする	社外	118
	名前を間違えたことについてお詫びする	社外	71
	ファイルの添付を忘れたことについてお詫びする	社内	68、115、別18
		社外	117
	間違えてメールを削除してしまったことについてお詫びする	社内	別10

回答	打ち合わせの日程について回答する	社外	93
	打ち合わせや会議の参加について回答する	社内	59、90
	資料の確認依頼について回答する	社内	99
回答保留	打ち合わせの日程について回答を保留する	社内	89
		社外	92
	質問への回答を保留する	社外	23
	見積書の送付日程について回答を保留する	社外	別13
指摘・催促	打ち上げの参加について回答を催促する	社内	111
	情報を入力していないことを指摘する・情報入力を催促する	社内	107
	書類を提出していないことを指摘する・書類提出を催促する	社内	109
	添付ファイルがないことを指摘する	社内	59、114
承諾	依頼されたことについて承諾する	社内	別11
	サンプルの送付予定について承諾する	社外	31
	資料の追加について承諾する	社外	83
添付送信	議事録を添付で送る	社内	114
	資料を添付で送る	社内	58、77
		社外	116
	請求書を添付で送る	社外	85
	領収書を添付で送る	社内	別17
報告・相談	業務について報告する	社内	33
	研修について相談する	社内	61
	進捗状況について報告する	社内	別7
連絡・お知らせ	打ち合わせ場所の変更を連絡する	社内	17
	会議時間等の変更を連絡する	社内	39
	サンプルの送付予定を連絡する	社外	25
	システムのログイン方法の変更を知らせる	社内	15
	新入社員歓迎会について知らせる	社内	47
	提出書類について連絡する	社内	86
	忘年会について知らせる	社内	41

語彙リスト Vocabulary list 词汇表 Danh sách từ vựng

あ

相手 ［あいて］	other party	对方	đối phương	2
あいにく	unfortunately	不凑巧	không may là	59
曖昧 ［あいまい］	ambiguous	暧昧	mơ hồ	41
空ける ［あける］	space	空出	chừa trống	4
圧縮する ［あっしゅくする］	compress	压缩	nén lại	113
～宛て ［～あて］	to ～	致～	gửi đến ～	56
宛先 ［あてさき］	address	收件人地址	người nhận	20
宛名 ［あてな］	addressee	收件人名	tên người nhận	4
アドバイス	advice	建议	lời khuyên	64
誤り ［あやまり］	error	错误	lỗi, sai sót	17
表す ［あらわす］	represent	表示	thể hiện	12
ありがたい	thankful	感激	biết ơn	69
アンケート	questionnaire	调查问卷	bảng câu hỏi	9

い

言い訳 ［いいわけ］	excuse	借口	lời biện minh	54
以下 ［いか］	the following	以下	bên dưới	15
生かす ［いかす］	make use of	活用	phát huy	104
行き違い ［いきちがい］	crossing on the way	交叉不符	lướt qua nhau trên đường đi	73
行き届く ［いきとどく］	be attentive	周到	tỉ mỉ, chu đáo	78
居酒屋 ［いざかや］	*Izakaya*	居酒屋	quán rượu	41
以上 ［いじょう］	above-mentioned	以上	bên trên	39
一般的 ［いっぱんてき］	generally	一般的	nói chung	2
一方的 ［いっぽうてき］	unilateral	单方面	một chiều, đơn phương	52
イベント	event	活动	sự kiện	33
印鑑 ［いんかん］	seal	印章	con dấu	38
印象 ［いんしょう］	impression	印象	ấn tượng	72

う

受け入れる ［うけいれる］	accept	接受	tiếp nhận	64
打ち上げ ［うちあげ］	after-party	庆功宴	tiệc mừng hoàn thành dự án	37
打ち合わせ ［うちあわせ］	meeting	商洽、开会	cuộc họp bàn	12
うっかり	inadvertently	不经意	lơ đãng	65

え

営業部 [えいぎょうぶ]	sales department	营业部	phòng Kinh doanh	4
(ご) 遠慮なく [(ご) えんりょなく]	don't hesitate to	(请) 不要客气	đừng ngại	62

お

お忙しいところ [おいそがしいところ]	when you are busy	百忙之中	lúc bận rộn	27
遅らせる [おくらせる]	delay	推迟	trì hoãn	39
(お) 手元 [(お) てもと]	at hand/nearby	手头	đến tay	45
お目通し [おめどおし]	reading	过目	xem qua, đọc qua	72
お詫び [おわび]	apology	道歉	sự xin lỗi	11
オンライン	online	在线	trực tuyến	47

か

課 [か]	section	科室	tổ	4
外出 [がいしゅつ]	going out	外出	sự ra ngoài	44
顔合わせ [かおあわせ]	initial introduction	会面	buổi gặp gỡ	47
各位 [かくい]	Dear all (formal expression)	各位（正式的表达）	Kính gửi quý vị (mẫu diễn đạt trang trọng)	19
確実 [かくじつ]	certainly	确实	nhất định, chắc chắn	20
確認不足 [かくにんぶそく]	insufficient confirmation	确认不足	sự thiếu sót trong xác nhận	28
かける	cause	添	gây ra	3
箇条書き [かじょうがき]	itemization	要点列项	đề mục	36
型 [かた]	form	类型	dạng thức	4
カタログ	catalog	目录	ca-ta-lô	45
課長 [かちょう]	section manager	科长	tổ trưởng	9
課内 [かない]	in section	科室内	trong tổ	15
可能 [かのう]	possible	可以	có thể	41
可能性がある [かのうせいがある]	possible	有可能	có khả năng	2
株式会社 [かぶしきがいしゃ]	Co., Ltd.	股份有限公司	công ty cổ phần	9
代わりに [かわりに]	instead of	代替	thay thế	59
歓迎会 [かんげいかい]	welcome party	欢迎会	tiệc chào mừng	47
簡潔 [かんけつ]	concise	简洁	ngắn gọn	3
関連 [かんれん]	related	相关	liên quan	45

き

企画 [きかく]	plan	规划	kế hoạch	38
期限 [きげん]	deadline	期限	thời hạn	31
貴社 [きしゃ]	your company	贵公司	công ty của bạn	56

議事録 [ぎじろく]	meeting minutes	会议记录	biên bản cuộc họp	57
貴重 [きちょう]	valuable	宝贵	quý giá	23
決めつける [きめつける]	assume	断定	quy kết, áp đặt	54
疑問文 [ぎもんぶん]	interrogative sentence	疑问句	câu nghi vấn	52
旧 [きゅう]	old	旧	cũ	36
急用 [きゅうよう]	urgent business	急务	việc gấp	58
～行 [～ぎょう]	~ line	～行	~ dòng	4
業務 [ぎょうむ]	task	业务	nhiệm vụ, công việc	33
共有する [きょうゆうする]	share	共享	chia sẻ	21
協力 [きょうりょく]	cooperation	协助	sự hợp tác	9
許可 [きょか]	permission	许可	sự cho phép	52

く

具体的 [ぐたいてき]	specific	具体的	cụ thể	10
工夫 [くふう]	creative process	功夫	sự bỏ công	36
加える [くわえる]	add	添加	thêm	32

け

敬意 [けいい]	respect	敬意	sự kính trọng	48
敬称 [けいしょう]	honorific title	尊称	cách gọi tôn kính	18
形容詞 [けいようし]	adjective	形容词	tính từ	6
結論 [けつろん]	conclusion	结论	kết luận	34
～件 [～けん]	a counter suffix for affairs	～封	~ lượt	43
健康診断 [けんこうしんだん]	health check	健康检查	kiểm tra sức khỏe	102
研修 [けんしゅう]	training	培训	buổi tập huấn	9
謙譲語 [けんじょうご]	humble expressions	谦逊语	khiêm nhường ngữ	5
原則 [げんそく]	principle	原则	nguyên tắc	3
謙遜する [けんそんする]	be humble	谦虚	khiêm tốn	78
検討 [けんとう]	consideration	考虑	sự xem xét	53
件名 [けんめい]	subject	邮件名	tiêu đề	4

こ

幸甚 [こうじん]	be much obliged	幸甚	vô cùng biết ơn	72
行動 [こうどう]	action	行动	hành động	39
購入 [こうにゅう]	purchase	购买	việc mua hàng	95
恒例 [こうれい]	customary	惯例	thông lệ	41
（ご）遠慮なく [（ご）えんりょなく]	don't hesitate to	（请）不要客气	đừng ngại	62
誤解する [ごかいする]	misunderstand	误解	hiểu lầm	2

誤記 [ごき]	misspelling	写错	sự viết sai	71
個人 [こじん]	individual	个人	cá nhân	19
応える [こたえる]	respond	回应	đáp ứng	82
この度 [このたび]	this time	这一次	lần này	4
コミュニケーション	communication	交流	sự giao tiếp	2
コメント	comment	评论	bình luận	45
ご容赦 [ごようしゃ]	forgiving	请宽恕	sự bỏ qua	73

さ

在庫 [ざいこ]	inventory	库存	hàng trong kho	46
再送する [さいそうする]	resend	重发	gửi lại	52
催促する [さいそくする]	remind	催促	hối thúc	106
再度 [さいど]	again	再次	lần nữa	75
幸い [さいわい]	be so grateful	万幸	rất biết ơn	72
削除する [さくじょする]	delete	删除	xóa	34
作成する [さくせいする]	make, prepare	制作	tạo, soạn	33
昨年 [さくねん]	last year	去年	năm ngoái	47
差し替える [さしかえる]	replace	替换	thay thế	53
早速 [さっそく]	promptly	迅速	nhanh chóng	27
参考 [さんこう]	reference	参考	sự tham khảo	86
サンプル	sample	样本、样品	hàng mẫu	12

し

至急 [しきゅう]	urgently	尽快	khẩn cấp	48
システム	system	系统	hệ thống	9
指摘する [してきする]	point out	指出	chỉ ra	55
自動的 [じどうてき]	automatically	自动	tự động	10
氏名 [しめい]	full name	姓名	họ tên	18
社外 [しゃがい]	external	公司外部	ngoài công ty	18
社内 [しゃない]	internal	公司内部	trong công ty	18
住所変更届 [じゅうしょへんこうとどけ]	Notification of Change of Address	地址变更表	thông báo thay đổi địa chỉ	86
修正する [しゅうせいする]	correct	修改	chỉnh sửa	77
受信トレイ [じゅしんとれい]	inbox	收件箱	hộp thư đến	9
出欠 [しゅっけつ]	attendance	出席与否	sự tham gia hoặc không tham gia	111
主文 [しゅぶん]	main text	正文	phần chính	4
状況 [じょうきょう]	status	情况	tình hình	37
条件 [じょうけん]	conditions	条件	điều kiện	62

正午 ［しょうご］	noon	正午	chính ngọ	51
上司 ［じょうし］	superior, boss	上司、领导	cấp trên	30
生じる ［しょうじる］	occur	发生	phát sinh	34
承諾 ［しょうだく］	consent	答应	sự chấp thuận	82
商品 ［しょうひん］	product	商品	sản phẩm	13
情報システム部 ［じょうほうしすてむぶ］	information system department	信息系统部	phòng Hệ thống thông tin	17
省略する ［しょうりゃくする］	abbreviate	省略	lược bỏ	18
所属先 ［しょぞくさき］	affiliation	所属单位	nơi trực thuộc	20
署名 ［しょめい］	signature	署名	chữ ký	4
書類 ［しょるい］	document	文件	giấy tờ	86
資料 ［しりょう］	material	资料	tài liệu	10
進捗 ［しんちょく］	progress	进展	tiến độ	37
信用 ［しんよう］	trust	信用	sự tin tưởng	3
信頼関係 ［しんらいかんけい］	trust relationship	信任关系	mối quan hệ tin tưởng nhau	18

す

数量 ［すうりょう］	quantity	数量	số lượng	43
スケジュール	schedule	日程安排	lịch trình	13
すでに	already	已经	đã	73
全て ［すべて］	all	全部	tất cả	33

せ

精一杯 ［せいいっぱい］	to the best of my ability	竭尽全力	hết sức, hết mình	78
請求書 ［せいきゅうしょ］	invoice	付款通知单	hóa đơn	46
席を外す ［せきをはずす］	leave one's seat	离开座位	rời khỏi văn phòng	86
セミナー	seminar	研讨会	hội thảo	56
先輩 ［せんぱい］	senior	前辈	tiền bối	22

そ

総務部 ［そうむぶ］	general affairs department	总务部	phòng Tổng hợp	18
尊敬語 ［そんけいご］	respectful expressions	尊敬语	tôn kính ngữ	5

た

対応する ［たいおうする］	respond to	处理	thực hiện	57
大量 ［たいりょう］	large quantity	大量	số lượng lớn	113
ダウンロードする	download	下载	tải xuống	86
多々 ［たた］	many	很多	rất nhiều	77

度々 [たびたび]	often (formal expression)	屡次（正式的表达）	nhiều lần (mẫu diễn đạt trang trọng)	28
担当者 [たんとうしゃ]	the person responsible	负责人	người phụ trách	19

ち

注意点 [ちゅういてん]	notes	注意事项	điểm lưu ý	15
調整 [ちょうせい]	adjustment	调整	sự điều chỉnh	45
直接 [ちょくせつ]	direct	直接	trực tiếp	44

つ

追加 [ついか]	addition	补充	sự bổ sung	44
つきましては	therefore	因此	vì vậy	42

て

提出 [ていしゅつ]	submission	提交	sự nộp	9
訂正 [ていせい]	correction	更正	sự đính chính	113
程度 [ていど]	degree	程度	mức độ	43
丁寧さ [ていねいさ]	politeness	礼貌程度	tính lịch sự	27
データ	data	数据	dữ liệu	29
手が空く [てがあく]	be available	双手空闲	có thời gian, rảnh rỗi	64
～でございます	be ~ (formal expression)	是～（正式的表达）	là ~ (mẫu diễn đạt trang trọng)	26
手間 [てま]	hassle	时间和精力	công sức	16
（お）手元 [（お）てもと]	at hand/nearby	手头	đến tay	45
テレワーク	Telework	远程办公	làm việc từ xa	42
～点 [～てん]	a counter suffix for articles	～点	~ điểm	35
転送 [てんそう]	forwarding	转发	sự chuyển tiếp	10
添付 [てんぷ]	attachment	附加	sự đính kèm	35
添付忘れ [てんぷわすれ]	forgot to attach	忘记附上	sự quên đính kèm	68

と

問い合わせる [といあわせる]	inquire	查询	hỏi	11
動詞 [どうし]	verb	动词	động từ	5
当日 [とうじつ]	on the day	当天	hôm ấy	61
同時に [どうじに]	simultaneously	同时	cùng lúc	2
～とのこと	said that ~	据说～	việc ~, chuyện ~	31
トラブル	trouble	故障	vấn đề, sự cố	49
取引先 [とりひきさき]	client	客户	đối tác	24

努力する［どりょくする］	make an effort	努力	nỗ lực	54

な

内容［ないよう］	content	内容	nội dung	2
悩む［なやむ］	wonder	烦恼、担心	băn khoăn	61

に

～に関して［～にかんして］	regarding ~ (formal expression)	关于～（正式的表达）	về ~, liên quan đến ~ (mẫu diễn đạt trang trọng)	12
～に対して［～にたいして］	to ~	对于～	đối với ~	21
日常会話［にちじょうかいわ］	daily conversation	日常会话	đàm thoại hàng ngày	61
～につき	regarding ~ (formal expression)	关于～（正式的表达）	về ~ (mẫu diễn đạt trang trọng)	35
～につきまして	regarding ~ (formal expression)	关于～（正式的表达）	về ~ (mẫu diễn đạt trang trọng)	31
日程［にってい］	schedule	日程	lịch trình trong ngày	38
～にて（方法）	by ~	以～	bằng (phương thức)	35
～にて（場所）	at ~	在～	ở ~, tại ~	44
入力［にゅうりょく］	input	输入	sự nhập dữ liệu	33

ね

念のため［ねんのため］	just in case	以防万一	để chắc chắn, để phòng hờ	95

の

納期［のうき］	delivery date	交货日期	ngày giao hàng	94
能力［のうりょく］	ability	能力	năng lực	78

は

配属［はいぞく］	assignment/attachment	分配	sự bố trí, sự điều phối	4
配慮［はいりょ］	consideration	关怀	sự quan tâm	48
パスワード	password	密码	mật khẩu	15
発送［はっそう］	sending	发送	sự gửi đi	67
場面［ばめん］	scene	场面	tình huống	5
範囲［はんい］	range	范围	phạm vi	43

ひ

控えめ［ひかえめ］	modest	低调	nhã nhặn	53
引き続き［ひきつづき］	continuously	继续	tiếp tục	23
筆記用具［ひっきようぐ］	writing materials	笔记用品	dụng cụ ghi chép	38

表現 ［ひょうげん］	expression	表达方式	mẫu diễn đạt	3

ふ

～部 ［～ぶ］	a counter suffix for copies	～份	～ bộ	56
ファイル	file	文件	tập tin	2
フォーマル	formal	正式的	trang trọng	5
複数 ［ふくすう］	multiple	多个	nhiều	2
含む ［ふくむ］	include	包含	bao hàm	69
部署名 ［ぶしょめい］	department name	部门名称	tên phòng ban	18
負担 ［ふたん］	burden	负担	gánh nặng	16
不明 ［ふめい］	unclear	不明白	chưa hiểu rõ	62
プレゼンテーション	presentation	演示	bài thuyết trình	49
プロジェクト	project	项目	dự án	14

へ

弊社 ［へいしゃ］	our company	本公司	công ty của chúng tôi	21
変更 ［へんこう］	change	更改	sự thay đổi	9
返信 ［へんしん］	reply	回复	hồi âm	3

ほ

報告書 ［ほうこくしょ］	report	报告书	bản báo cáo	35
忘年会 ［ぼうねんかい］	year-end party	年终联欢会	tiệc tất niên	41
訪問する ［ほうもんする］	visit	访问	viếng thăm	24
補足する ［ほそくする］	complement	补充	bổ sung	72
保留する ［ほりゅうする］	put on hold	搁置	trì hoãn	88
本日 ［ほんじつ］	today	今天	hôm nay	23
本年 ［ほんねん］	this year	今年	năm nay	47
本来 ［ほんらい］	original	原来	gốc	69

ま

誠に ［まことに］	sincerely	真诚的、实在	thực sự, chân thành	27
マナー	manners	礼仪	quy tắc ứng xử	3

み

ミーティング	meeting	会议	cuộc họp	29
ミス	mistake	错误	sai sót	3
見積書 ［みつもりしょ］	estimate	报价表	bản dự toán, báo giá	37

| 身分証明書［みぶんしょうめいしょ］ | personal identification | 身份证 | giấy tờ tùy thân | 38 |

む

| ~向き［~むき］ | suitable for ~ | 适用于~ | dành cho ~, phù hợp với ~ | 61 |

め

名詞［めいし］	noun	名词	danh từ	5
迷惑［めいわく］	annoyance	烦扰	sự phiền hà	3
目上［めうえ］	superior	长辈、上司	vai trên	31
メールアドレス	email address	电子邮件地址	địa chỉ email	13
メンバー	member	成员	thành viên	37

も

申し訳ない［もうしわけない］	deeply sorry	抱歉	có lỗi, áy náy	16
目的［もくてき］	purpose	目的	mục đích	34
文字数［もじすう］	number of characters	字数	số chữ	4
求める［もとめる］	ask for	请求	xin	52
物事［ものごと］	matter	做事	sự việc	65
漏れる［もれる］	leak	泄露	bị lộ	2

や

役職名［やくしょくめい］	job title	职务名称	tên chức vụ	18
やや	slightly	稍微	hơi	27
やりとり	exchange	互通	sự trao đổi	5

ゆ

| URL［ユーアールエル］ | URL | 网址 | đường dẫn | 42 |
| 郵送する［ゆうそうする］ | send by post | 邮寄 | gửi qua bưu điện | 45 |

よ

| 用件［ようけん］ | business | 要事 | việc cần bàn | 10 |

り

| リスト | list | 列表 | danh sách | 49 |
| 領収書［りょうしゅうしょ］ | receipt | 收据 | biên nhận | 119 |

れ

| レポート | report | 报告 | bản báo cáo | 9 |

連絡先　[れんらくさき]　　　　　　　contact information　　　联系方式　　　　　thông tin liên lạc　　　　　107

ろ

ログイン　　　　　　　　　　　　　login　　　　　　登录　　　　　sự đăng nhập　　　　　15

著者

白崎　佐夜子（しらさき　さよこ）

　　ジャパンオンラインスクール　講師

翻訳

英語　株式会社アーバン・コネクションズ

中国語　黄　美花

ベトナム語　Lê Trần Thư Trúc

イラスト

rena

装丁・本文デザイン

山田　武

8 の基本ルールで学ぶ
外国人のための仕事のメールの書き方

2024 年 11 月 26 日　初版第 1 刷発行

著　者	白崎佐夜子
発行者	藤嵜政子
発　行	株式会社スリーエーネットワーク
	〒102-0083　東京都千代田区麹町 3 丁目 4 番
	トラスティ麹町ビル 2 F
	電話　営業　03（5275）2722
	編集　03（5275）2725
	https://www.3anet.co.jp/
印　刷	三美印刷株式会社

ISBN978-4-88319-957-0　C0081

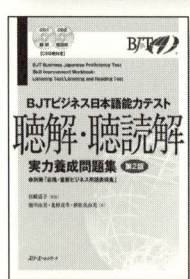

8の基本ルールで学ぶ

基本ルールで学ぶ

で学ぶ

別冊

解答・解答例

外国人のための 仕事のメールの書き方

スリーエーネットワーク

第1章

◆ルール1

ウォーミングアップ

1. 「いつの」「何を」などの情報が具体的ではない。件名が長すぎる。
2. メールの内容について具体的な情報を書く。メールの内容を短くまとめる。

練習1

1. のご連絡
2. （について）のご相談
3. に関するご質問
4. ご送付のお願い

練習2

1. 会議X（の）時間変更のご連絡
2. 5/14（火）研修Y（の）レポートのご提出
3. 5/15（水）プロジェクトA（の）打ち合わせのお礼
4. 商品A（の）資料ご送付のお願い

練習3

1. b.連絡
2. システムXログイン方法変更のご連絡

考えよう

システムXのログイン方法が新しくなることについて、『新しいログイン方法に関する注意点』を確認してもらうこと

◆ルール2

ウォーミングアップ

1. 情報システム部　山本部長／情報システム部部長　山本様
2. TO（宛先）に送る人のメールアドレスを追加する、またはCCやBCCを使う。
3. 役職が上の人や自分の所属先ではない人から順に書く。

練習1

1. 総務部御中

2. 部長　山田様／山田部長

3. 株式会社TOKYO

4. 中山部長、鈴木課長／部長　中山様、課長　鈴木様

練習2

1. 『プロジェクトA』関係者の皆様／『プロジェクトA』関係者各位

2. 総務部　佐々木様、ワン様

　　（cc：鈴木課長）

3. SSJ総務部　平田様

　　（cc: 弊社山本）

練習3

1. c.総務部　平田様

2. b.弊社

3. ③（情報システム部）山本　④（営業部）鈴木

考えよう

SSJの平田さんが今日商品Xの打ち合わせをしてくれた時間

◆ **ルール3**

ウォーミングアップ

1. お世話になっております。3EEのケリーです。

2. 電話をもらったことへのお礼

練習1

1. d.初めて

2. b.こちらこそ

3. c.度々

4. a.早速

5. b.ところ

練習2

1.　①お疲れ様です　②お送りいただき

2.　①（大変／いつも）お世話になっております　②遅くなってしまい／遅くなり

3.　①と申します　②お問い合わせ（を）いただき

4.　①度々　②確認不足

練習3

1.　（大変／いつも）お世話になっております

2.　こちらこそ、先ほどはありがとうございました

◆まとめの練習1

商品A打ち合わせのお礼

株式会社SSJ　総務部
部長大谷様、平田様
（cc: 弊社鈴木）

大変お世話になっております。
3EEのケリーです。

本日の打ち合わせでは、
弊社の商品Aについて貴重なご意見をいただき、
誠にありがとうございました。

◆ルール4

ウォーミングアップ

1.　本日の業務をご報告いたします

2.　文ではなく、項目に分けて箇条書きにする。

　　例）・10時〜12時　イベントA打ち合わせ

　　　　・13時〜15時　ミーティングBの資料作成

　　　　・15時半〜16時半　お客様情報の入力（全ての情報の入力が完了）

練習1

1. につきまして、ご報告いたします

2. につきまして、承知いたしました

3. についてお聞きしたいことがあり／伺いたいことがあり

4. お願いしたく

練習2

1. ＜本日の業務予定＞
   1. お客様情報の入力
   2. 企画会議（15時〜）
   3. 資料Aの作成

2. ＜打ち合わせ日程＞
   ・5月13日（月）10:00〜11:00
   ・5月15日（水）11:00〜12:00
   ・5月17日（金）13:00〜14:00

練習3

1. 6/14（金）の課内会議時間等の変更について、ご連絡いたします

2. ・時間：　16時　→　16時15分
   ・場所：　会議室A　→　会議室C

考えよう

6/14（金）の課内会議の開始時間と場所が変更になったこと

◆ルール5

ウォーミングアップ

1. 文が長く簡潔ではない点（1文の文字数が50字以上ある点）

2. できるだけ早く

練習1

1. 企画Aにつき、添付ワードファイル『企画A関連資料』をお送りします。(33字)
   変更が必要な点などがありましたら、ファイルにコメントをお願いします。(34字)
2. 本日、商品Aのカタログを木村様に郵送いたしました。(25字)
   2、3日お待たせしてしまいますが、お手元に届きましたら、ご確認をよろしくお願いいたします。(45字)
3. プロジェクトAの打ち合わせにつき、スケジュール調整をお願いしたくご連絡いたしました。(42字)
   以下の日程で、山本部長とグエン様のご都合はいかがでしょうか。(30字)

練習2

1. 「3日(水)」などの具体的な日
2. 「来週10日(木)までには」などの具体的な期日
3. 「1,500個」などの具体的な数
4. 「来週10日(木)まで」などの具体的な期間

練習3

1. 1文目:本年は3名の新入社員が営業部第一課に配属されました。(26字)
   2文目:つきましては、以下のとおり歓迎会を行います。(22字)
2. 「5月1日(水)17:00までに」などの具体的な日時

◆まとめの練習2

進捗状況のご報告（ケリー）

鈴木課長

お疲れ様です。ケリーです。

現在担当している業務につきまして
進捗状況をご報告いたします。

＝＝＝＝＝＝＝＝＝＝＝＝＝＝＝＝
1．お客様リストの作成
予定通り、9月4日（水）にご提出いたします。
入力システムにトラブルがありましたが
現在は問題なく使うことができています。

2．プレゼンテーションAの資料
9月6日（金）に完成予定です。
＝＝＝＝＝＝＝＝＝＝＝＝＝＝＝＝

◆ルール6

ウォーミングアップ
1．急なお願いで困る、失礼。
2．「お手数ですが」「お忙しいところ恐れ入りますが」など、相手への配慮の表現を加える。
3．確認していただけないでしょうか。

練習1
1．b.差し支えなければ、c.よろしければ
2．b.お手数、d.恐縮
3．c.で
4．a.休ませて

練習2
1．①お手数ですが　②お送りいただけないでしょうか
2．①お忙しいところ恐れ入りますが　②ご対応いただけないでしょうか
3．①こちらの都合で申し訳ありませんが　②変更していただけないでしょうか

4. ①差し支えなければ ②教えていただけないでしょうか

1. ①こちらの都合で申し訳ありませんが／大変恐縮ですが

   ②していただけないでしょうか

2. ①されていないよう

   ②していただけないでしょう

◆ルール7

ウォーミングアップ

①ご査収ください

②よろしいでしょうか

③おります

練習1

1. していただき／していただきまして

2. ありましたら／ございましたら

3. 難しいでしょうか

4. でしたら

5. できず

練習2

1. d.失念

2. a.お手すき

3. c.不手際

4. b.ご快諾

5. e.ご教示

①失念しておりました

②足りず

③ありましたら／ございましたら

◆ルール8

ウォーミングアップ

1. 誠に申し訳ございませんでした。（深くお詫び申し上げます。）
2. 今後とも

練習1

1. a.幸い

2. c.まずは

3. ①e.行き違い　②b.ご容赦

4. d.引き続き

練習2

1. お知らせいただければ幸い／幸甚

2. （メール）拝受のお礼のみにて

3. （深く／心より）お詫び申し上げます

練習3

1. ご意見をいただければ幸い／幸甚

2. d.のほど

考えよう

企画A打ち合わせ資料について、内容が正確ではなかった点

◆ まとめの練習3

6/4のメール再送のお願い
中村さん

中村さん

お疲れ様です。ケリーです。

大変恐れ入りますが、
6月4日に送っていただいた資料Aについてのメールを
再度送っていただけないでしょうか。
私の不手際で間違えてメールを削除してしまいました。

今後このようなことがないよう、
十分に気をつけます。

お手数をおかけしてしまい
大変申し訳ございません。

何とぞよろしくお願いいたします。

ケリー

第2章

◆1

練習1

・何を　→　請求書を

・いつまでに　→　4月25日（木）までに

・誰に　→　平田さんに

・どうする　→　メールで送る

練習2

①大変お世話になっております

②こちらこそ

③ありがとうございました

④お送りいたします

⑤ご査収

練習3

件名	Re: 4/8(月)提出書類のご連絡
宛名	総務部　佐々木様
書き始め（挨拶＋一言）	お疲れ様です。営業部のケリーです。 ご連絡をいただきありがとうございます。
依頼に対する回答	提出書類2点について承知いたしました。 当日は13時に伺ってもよろしいでしょうか。
書き終わり（一言＋挨拶）	ご都合が悪い場合は、 お知らせいただければ幸いです。 お手数をおかけしますが どうぞよろしくお願いいたします。
署名	-------------------------------- 営業部第一課 スタン・ケリー stan.kelly@3ee.co.jp 080-1234-XXXX --------------------------------

◆2

練習1

1. 商品Aのオンラインミーティング
2. 中村さんとケリーさん
3. 希望の日時をいくつか知らせる。

練習2

1. ①弊社中村
   ②大変お世話になっております
   ③ご連絡いただき
   ④大変申し訳ありません
   ⑤お待ち
   ⑥拝受

   ⑦いたします

2. c → e → b → a → d

練習3

1. 何を　→　システムWの見積書を

   いつまでに　→　3月15日（金）までに

   誰に　→　平田さんに

   どうする　→　メールで送る

2.

件名 （けんめい）	Re:「システムＷ」お見積書のお願い
宛名 （あてな）	SSJ　平田様 （cc：弊社鈴木）
書き始め （かきはじめ） （挨拶＋一言） （あいさつ ひとこと）	大変お世話になっております。3EEのケリーです。 システムＷの見積書につきまして ご連絡をいただき誠にありがとうございます。
依頼に対する （いらい たい） 回答 （かいとう）	お見積書を3月15日（金）までにお送りできるかど うかについて、現在社内で確認しております。 明日にはお答えできますので 申し訳ございませんが、 少々お待ちいただけないでしょうか。
書き終わり （かき お わり） （一言＋挨拶） （ひとこと あいさつ）	まずはメール拝受のお礼のみにて失礼します。 引き続き、どうぞよろしくお願いいたします。
署名 （しょめい）	-------------------------------- スタン・ケリー 株式会社3EE 営業部第一課 stan.kelly@3ee.co.jp 080-1234-XXXX --------------------------------

◆3

練習1

1.　①ご担当者様（たんとうしゃさま）　②初めて（はじ）　③と申します（もう）　④都合（つごう）　⑤幸甚（こうじん）

2.　1文目（ぶんめ）：現在弊社では（げんざいへいしゃ）、貴社商品（きしゃしょうひん）『YOYO』の購入（こうにゅう）を検討（けんとう）しております。

　　2文目（ぶんめ）：つきましては大変（たいへん）お手数（てすう）ですが、『YOYO』の資料（しりょう）を私宛て（わたくしあ）にお送り（おく）いただけ

　　　ないでしょうか。

3.　『YOYO』資料（しりょう）ご送付（そうふ）のお願い（ねが）

1. ①でございます

   ②お送りいただきありがとうございました

   ③拝受（はいじゅ）

   ④お忙しいところ（いそが）

2. して　→　し／しまして

   あったら　→　ありましたら／ございましたら

練習3

1.

件名（けんめい）	『健康診断に関するアンケート』 ご協力のお願い
宛名（あてな）	社員各位
書き始め（挨拶）（かきはじ）（あいさつ）	お疲れ様です。総務部のワンです。
アンケートを行うこととその理由（おこな）（りゆう）	この度、健康診断についてご意見をお聞きしたく、アンケートを行うことになりました。
アンケートへの協力をお願いする（きょうりょく）（ねが）	つきましては、お忙しいところ大変恐縮ですがアンケートへのご協力をお願いいたします。
アンケートの具体的な説明（ぐたいてき）（せつめい）	============================== ・アンケート名：『健康診断に関するアンケート』 ・回答期限：　5月30日（金）17：00まで ・回答方法：　URL（https://www.xxxx.xx.xx/） 　　　　　　　を開いてご入力ください。 ==============================
書き終わり（一言＋挨拶）（かきお）（ひとこと）（あいさつ）	皆様の貴重なご意見をいただければ幸いです。 どうぞよろしくお願いいたします。
署名（しょめい）	-------------------------------- 総務部 ワン・ファン wang.fang@3ee.co.jp 080-1111-XXXX --------------------------------

2.

件名（けんめい）	『健康診断に関するアンケート』ご協力のお礼
宛名（あてな）	社員の皆様
書き始め（か はじ）（挨拶（あいさつ））	お疲れ様です。総務部のワンです。
アンケートのお礼（れい）	この度は『健康診断に関するアンケート』にご協力いただき誠にありがとうございました。 貴重なご意見を多数いただくことができました。
今後について（こんご）	皆様からのご意見を 今後に生かしてまいります。 何かご不明な点などがございましたら 総務部ワンまでご連絡いただければ幸いです。
書き終わり（か お）（一言（ひとこと）＋挨拶（あいさつ））	お忙しい中、アンケートにご協力いただきまして 誠にありがとうございました。 今後ともどうぞよろしくお願いいたします。 ---------------------------------------
署名（しょめい）	総務部 ワン・ファン wang.fang@3ee.co.jp 080-1111-XXXX ---------------------------------------

◆4

練習1

1. 書類（しょるい）A を本日中（ほんじつちゅう）に提出（ていしゅつ）する。

2. いつまでに提出（ていしゅつ）できるかを知（し）らせる。

3. ①いただいていないようです

　　②いただけないでしょうか／くださいますようお願（ねが）いいたします

練習2

1. ①失念（しつねん）　②いただけない　③しない

2. 「できるだけ早（はや）く」 → 「明日（あす）（15日（にち））の正午（しょうご）までに」などの具体的（ぐたいてき）な日時（にちじ）

件名 けんめい	Re: 10/5（水）営業部第一課打ち上げの出欠確認
宛名 あてな	木田さん
書き始め か はじ （挨拶＋一言） あいさつ ひとこと	お疲れ様です。ケリーです。 ご連絡が遅くなりまして大変申し訳ありません。
ミスの理由 り ゆう	回答期限を失念しておりました。
回答 かいとう	5日の打ち上げに参加いたします。
今後について こんご	今後このようなことがないよう、十分に気をつけます。
書き終わり か お （挨拶＋一言） あいさつ ひとこと	この度はお手数をおかけしてしまい 申し訳ありませんでした。 何とぞよろしくお願いいたします。
署名 しょめい	ケリー

◆5

練習1

1. ①つきましては

    ②ご質問などがございましたら

    ③なく

    ④お聞き

    ⑤ご査収

2. 以下3点を添付PDFファイルにてお送りします。

    ＝＝＝＝＝＝＝＝＝＝＝＝＝＝＝＝＝

    1. システムY価格表.pdf

    2. システムYカタログ20XX.pdf

    3. システムY関連商品.pdf

    ＝＝＝＝＝＝＝＝＝＝＝＝＝＝＝＝＝

1. ①（大変）申し訳ございません

②「少々急いでいたため」をカットする、もしくは「確認不足で」「確認が足りず」などの言い訳にならない表現にする。

③恐れ入りますが、再度ご確認いただけないでしょうか

2. ①度々

②大変申し訳ございません

③にて

④恐れ入ります

⑤差し替えて

練習3

1.

件名	領収書のご送付
宛名	総務部　佐々木様
書き始め（挨拶）	お疲れ様です。営業部第一課のケリーです。
メールの用件	以下2点の領収書を添付PDFファイルにてお送りします。
添付ファイルの説明	1. 領収書（3/15 ケリー） 2. 領収書（3/20 ケリー）
書き終わり（一言＋挨拶）	ご質問などがございましたら ご連絡いただければ幸いです。 ご査収のほど、どうぞよろしくお願いいたします。 ---------------------------------
署名	営業部第一課 スタン・ケリー stan.kelly@3ee.co.jp 080-1234-XXXX ---------------------------------

2.

件名（けんめい）	Re: 領収書のご送付
	領収書（3/15ケリー）.pdf ▼ 領収書（3/20ケリー）.pdf ▼
宛名（あてな）	総務部　佐々木様
書き始め（挨拶）（かきはじめ・あいさつ）	度々失礼いたします。
ミスのお詫び（わび）	先ほどのメールにファイルを添付するのを失念しておりました。大変申し訳ございません。
添付ファイルの説明（てんぷ・せつめい）	本メールにて添付PDFファイル2点をお送りします。 1.　領収書（3/15ケリー） 2.　領収書（3/20ケリー）
添付ファイルの確認依頼（てんぷ・かくにんいらい）	恐れ入りますが、再度ご確認いただけないでしょうか。
書き終わり（一言＋挨拶）（かきおわり・ひとこと・あいさつ）	お手数をおかけし、申し訳ありませんでした。引き続き、どうぞよろしくお願いいたします。
署名（しょめい）	-------------------------------- 営業部第一課 スタン・ケリー stan.kelly@3ee.co.jp 080-1234-XXXX --------------------------------